上念 司

経団連と増税政治家が壊す
本当は世界一の日本経済

講談社+α《プラスアルファ》新書

まえがき――経団連の軛から逃れ賃金アップを

楽天の三木谷浩史《みきたにひろし》会長兼社長は、こう話しています。

「経団連に入っている意味もないしね、正直言って」(「日経ビジネスオンライン」二〇一二年二月二〇日付)

このインタビュー記事のなかで三木谷氏は、日本経済団体連合会(経団連)を「日本企業の護送船団方式を擁護《ようご》し、これが世の中の共通認識だとカムフラージュするために作られた団体」である、としました。日本の経営者全員を代弁しているわけでもないのに、経営者の代表のごとく振る舞っている――そのことが気に入らないし、ほかにも不満がいっぱいある、とのことです。実際に、三木谷氏率いる楽天は経団連を脱退し、新たに新経済連盟(新経連)という団体を作りました。

私見ですが、創業社長である三木谷氏と、雇われ経営者である経団連のお歴々とは、基本的に仕事のスピード感が合わなかったのでしょう。

ベンチャー企業はボヤボヤしていると潰れます。売り上げを伸ばし、利益を上げ続けなければ投資家からそっぽを向かれるからです。そして、売り上げを伸ばし、利益を上げ続けるためには、市場のニーズを細かく把握して、提供する商品の価値を上げ続けることが必要です。顧客を失えば即死。「アベノミクスの恩恵が来ない」……なんて悠長なことをいっていたら、ライバル企業に売り上げをかっさらわれてしまう。そんな厳しい環境に暮らしているのがベンチャー企業です。

三木谷氏の楽天は、ベンチャー企業というにはあまりに大きくなりました。しかし、創業時の「トラウマ」はDNAに刻み込まれているということではないでしょうか。

それに楽天は、アマゾン（Amazon.com）などの海外勢や国内の流通企業、あるいはメーカーなどが提供するネット通販と、未だに熾烈《しれつ》な競争を繰り広げています。IT業界は全体的にショウジョウバエの世代交代を見るがごとく、ダイナミックな新陳代謝が続いています。

IT業界に象徴される、規制が少なく自由な競争が行われている業界においては、昨日の中小企業は明日の大企業になるかもしれないビッグチャンスが転がっています。しかし、それと引き換えに、日常的な倒産リスクに晒《さら》されているのも事実です。多くの人がチャンスを求めて参入し、それが市場によって淘汰《とうた》され、強いものが生き残る……IT業界はまさに弱肉強食の世界です。

これに対して、二〇一八年初頭に経団連会長を務める榊原定征《さかきばらさだゆき》氏が相談役に座る東レは、一九二六年に旧三井物産が創業した国策会社であり、生まれながらの大企業です。繊維業界も厳しい競争はありますが、ＩＴ業界の熾烈な戦いとはかなり様相を異にします。

また、三木谷氏が現役の経営者であるのに対し、榊原氏は相談役という日本独特のおいしいポジションにあります。簡単にいえば、社長を引退した人が会社に個室や社用車を用意させて居座り、責任を取らないくせに経営に口出しできる立場です。

この二人の住む世界はまったく違います。誤解を恐れずにいえば、三木谷氏は常に攻め続けなければ潰されてしまうのに対し、榊原氏は守りに徹し、なるべく現状維持を図ろうとする立場。いわば「生き馬の目を抜く」業界で過ごしている三木谷氏が、引退前の名誉職の皆さんとウマが合わなくても当然です。

この立場の違いが、三木谷氏が率いる新経連と榊原氏が率いる経団連の活動の違いにも、端的に表れているのではないでしょうか？　新経連がどちらかというと規制緩和に積極的で、役所に歯向かってばかりいるのに対し、経団連はお役所の言いなりどころか、単なる補完勢力になっています。

たとえば、安倍晋三《あべしんぞう》総理が産業界に対して教育無償化の財源三〇〇〇億円程度の拠出を求め、経団連が早々にそれを容認したことがあります。自由民主党（自民党）の小泉進次郎《こいずみしんじろう》筆頭副幹事長は、これについて次のように批判しました。

「経済界は政治の下請けか。政治に左右されるなら日本にイノベーションは生まれない」

――経済界は政治の下請けではありません。イノベーションは企業の自由なチャレンジと淘汰によって生まれます。なぜなら、政治家にも官僚にも未来を完璧に見通す力なんてないからです。

政府の産業政策は、商売をしたことがない官僚による机上の空論です。そんなものに対し、無批判に唯々諾々《いいだくだく》と従っている会社は、イノベーションどころか経営すら危ういといえます。

ジャパンディスプレイ、エルピーダメモリ……いわゆる「国策会社」の失敗例を挙げればキリがありません。官公需要メインの会社は、政府の担当者のご機嫌とりばかり上手になって、マーケットの動向からは遠ざかっていく。この点で小泉氏の批判はまったくその通りでした。

しかし小泉氏の批判にも、おかしな点があります。政府は教育無償化を柱とする二兆円規模の政策パッケージのうち、一兆七〇〇〇億円を消費税の増税による増収分で、不足する三〇〇〇億円を産業界の負担で充当するとしました。この三〇〇〇億円は、具体的にいうと、

「従業員の賃金総額に応じて負担する事業主拠出金を想定（「日本経済新聞」二〇一七年一一月二日付）」し、個人負担はないということになっています。

これに対して小泉氏が提案した「こども増税（自称：こども保険）」は、従業員と会社の双方が負担する構造になっていました。どうも小泉氏は「こども増税」が採用されなかったことに怒って、安倍総理と経団連を批判したようです。

私にいわせれば、政府も小泉氏も両方とも間違っています。そもそも教育無償化の財源としては、もっと楽勝の選択肢があるからです。消費税の増税も、産業界の負担も、「こども増税」も、最初からいりません。

教育はリターンの高い投資です。詳しくは本章に譲りますが、日本の公的な教育投資はGDPに比べてあまりに低いため、ほんの少し投資するだけで三倍から、上手くすると一〇倍以上のリターンを生むことが、国際機関などの調査で明らかになっています。だとするなら、手持ち資金をやり繰りしてショボくやるよりも、資金を借り入れて大きくやったほうがリターンの金額が大きくなります。

そこで、ドーンと教育国債を三〇兆円ぐらい発行して財源にすべきです。運がいいことに、現在、日本の国債市場は国債不足で金利がマイナスになっています。チャンスです。この絶好のタイミングに、なぜ国債を使って教育投資を拡大しないのか？　商売人の私としては理解に苦しみます。

もちろん、反対派は国の借金が増えるとか、先例がないとか、適当なことをいって反対します。しかし、現状の財政法においても、有形固定資産への投資は国債によって財源を調達することが認められています。かの有名な建設国債です。

では、建設国債とまったく同じ発想で、教育という無形固定資産への投資は容認されないのでしょうか？　元財務官僚の髙橋洋一《たかはしよういち》氏は常々語っておられますが、財務省主計局の法規バイブルである『予算と財政法』（小村武《こむらたけし》・元大蔵事務次官　著　新日本法規出版）に次のような記述があるそうです。

〈すなわち、出資金が投融資の原資や有形固定資産の取得に充てられる場合にはその資産性が明白であり、他方、研究開発費に充てられるような場合においても、技術の進歩等を通じて後世代がその利益を享受でき、その意味で無形の資産と観念し得るものについては、後世代に相応の負担を求めるという観点から公債対象経費とすることについて妥当性があるものと考えられる〉（※傍線は筆者による）

教育とは、まさに後世に大きな資産を残すものです。そのためにした借金の返済を、現在の現役世代からだけ徴収するというのは、間違っています。実際に恩恵を受ける後世代にも応分な負担を求めるなら、やはり国債を発行し、将来にわたって少しずつ返していくのが妥当ではないでしょうか。

そしてそれは、財政法上も問題ない。つまり、やろうと思えばできるのです。にもかかわらず、財務省は知恵を絞ってやろうとしません。そこにあるのは現状維持バイアスであり、悪《あ》しき先例主義です。教育財源に限らず、日本の役所は、すべてこの調子だと思ってください。

ここまで私が、なぜ長々と役所の話をしたのかというと、基本的に経団連を始めとした主要な経済団体も、これと同じメンタリティーに囚《とら》われているからです。そして何よりも大企業ほど役所の言いなりです。たいへん残念ですが、役所と同じ現状維持バイアス、悪しき先例主義に、名だたる日本の大企業がどっぷり浸かっていると考えてください。

特に経団連は、既得権の範囲内で無難に商売が回っていればそれでいいという、事なかれ集団です。

髙橋洋一氏は、そうした経団連のトップたちが自社から連れてきた事務局の人たちを指す「民僚」という言葉を紹介しています。

〈経団連事務局の人を「民僚」ということがある。「官僚」にも対抗できる人材という意味だが、しばしば天下国家の考え方が先行して「官僚」のような、または「官僚」の補完勢力のような立ち居振る舞いがあると揶揄《やゆ》されることもある。とりわけ財務省官僚とまるで一心

同体のように消費増税を主張するのは、「民僚」だと思わざるを得ない〉
（「夕刊フジ」二〇一七年一一月二五日付）

そして、規制もなるべく維持して業界の秩序や序列が崩れないようにする。しかも経団連のなかの人は、大企業を引退して責任は取らないくせに経営に口出しするお気楽ＯＢばかり。これでは日本国内の企業間競争が促進されることもなく、企業の淘汰も進みません。

その結果、何が起こったでしょう？　日本を代表する大企業の不正会計、品質偽装、経営破綻《はたん》です。オリンパスの損失の飛ばし、富士フイルムホールディングスや東芝の不正会計、神戸製鋼所の品質偽装など、悪質なケースが摘発されるようになりました。

これらの会社は、もっと早い段階で淘汰されるべきだったかもしれません。淘汰されなかった直接の原因は、監査法人がザルだったからですし、機関投資家に見る目がなく、とっとと株を売らなかったからです。しかし最大の原因は、「〇〇のような大企業がまさかそんなことしないだろう」という私たちの思い込みです。

しかし、残念ながらその思い込みに根拠はありません。とても残念なことですが、その企業を創業した経営者が持っていたような責任感、倫理観、そして起業家精神（アニマルスピリッツ）は死に絶えました。そこには偏差値の高い大学を出て、自分の手を汚したくない怖がり屋さんしかいないのです。まさにその存在を象徴するのが、いまの経団連ではないでしようか？

日本人の持っているアニマルスピリッツを抑え込むような経団連なら、ハッキリいって不要です。なぜなら、経済を長期停滞から救い出すのは、リスクを恐れずにチャレンジする起業家たちだから。本来、政府は、チャレンジャーたちの生存に適した環境を作ることが仕事です。そして、たくさんの起業家がチャレンジしやすい環境とは、デフレから完全に脱却し、二度と後戻りしない経済の状態です。

ところが、経団連は日本をデフレに引き戻しかねない消費税増税に賛成している……その理由は驚くべきものです。ぜひ本文をお読みいただき、日本の産業をダメにしかねない経団連の問題について知ってください。アベノミクス第三の矢は規制改革ですが、その前に立ちふさがる抵抗勢力、構造問題が浮き彫りになってくると思います。

そして、われわれ日本人が経団連という名の巨大な軛《くびき》から脱し、増税政治家を炙《あぶ》り出して駆除し、真の潜在能力を発揮するとき……それは目前まで迫っていますが、日本人の賃金も、右肩上がりの様相を呈していくことでしょう。

二〇一八年二月

上念《じょうねん》　司《つかさ》

目次◉経団連と増税政治家が壊す本当は世界一の日本経済

第一章　四五〇兆円の内部留保の真実

第三章　日本人の働き方が悪いのか

第四章　日本の食とベンチャーが凄い

終章　消費増税に見る経団連と増税政治家の陰謀

第一章　四五〇兆円の内部留保の真実

Q 1 日本企業の内部留保は四五〇兆円にものぼるといわれますが、なぜこんなにも貯め込む必要があるのですか？

A 1 将来が不安だからです。

消費税増税で支出に大ブレーキが

いまは儲かっているけど、将来、儲け続ける自信がない。そんなとき、あなたが経営者なら、莫大《ばくだい》な利益をどうしますか？　内部留保が積み上がることを問題視するなら、まず、この経営者が感じている将来への不安の本質を明らかにしなければなりません。

なぜ経営者はそんなに将来に不安を抱いているのか？　理由はとても簡単です。彼らには日本政府および日本銀行が再び経済政策を間違え、経済状態を悪化させるリスクが見えています。

安倍晋三総理は、「金融緩和」「財政出動」「成長戦略」を三本の矢とするアベノミクスを

図表1　消費支出の変化

	2012年	2013年	2014年	2015年	2016年
名目（%）	1.1	1.5	0.3	−1.3	−1.8
実質（%）	1.1	1.0	−2.9	−2.3	−1.7

データ出所：総務省統計局「家計調査」

推進してきました。実際には、金融緩和はほぼ満点、財政出動は五〇点、成長戦略は効果なしという程度でした。それでも、この政策があと二〇年継続することが確実ならば、経営者の不安は遠のいていたでしょう。

ところが、たいへん残念なことに、ポスト安倍に名乗りを上げそうな政治家が、そろいもそろってアベノミクスとは反対の政策を掲げています。その代表格が石破茂《いしばしげる》氏です。野党においては、日本維新の会を除くすべての政党が金融緩和に反対し、緊縮財政を主張しています（もちろん、日本共産党は論外です）。

しかも、盤石《ばんじゃく》に見えた安倍政権は、森友《もりとも》学園や加計《かけ》学園を巡る連日の偏向報道によって支持率を急降下させてしまいました。その後の衆議院議員選挙で与党が圧勝し、内閣支持率も反発しましたが、不安は残ります。アベノミクスが終わる、そして緊縮政策がゾンビのように甦《よみがえ》る――これが経営者の抱く将来への不安の本質です。

アベノミクスの二つのエンジンである金融政策と財政政策にブ

レーキをかければ、景気が悪くなるのは目に見えています。特に、消費税は二〇一九年一〇月に増税される予定になっており、国会で増税凍結法案が可決されない限り、カウントダウンは止まりません。

二〇一四年の消費税増税は記憶に新しいところですが、これによってどれくらい景気が悪くなったかを確認しておきましょう。それを象徴する数字として消費支出の変化を見てみます(前ページ図表1参照)。

消費税の税率が五%から八%に上がった二〇一四年から消費支出の伸びに大きなブレーキがかかっていることが分かります。普通、増税すれば財布のひもは固くなる。こんなの当たり前すぎて説明不要です。

公開された日銀議事録の衝撃

人はお金に余裕があれば支出を増やし、お金に余裕がなければ支出を減らします。増税によって財布の中身が抜き取られれば当然、お金に余裕がなくなります。増税すれば消費が減って当たり前なのです。

そして、消費が減れば普通はモノが売れなくなり、企業の業績も悪化します。経済産業省が実施している企業活動基本調査のデータから、一企業あたりの売上高と営業利益をグラフにまとめてみました。

次ページの図表2は二〇〇五年から二〇一五年までの間に、日本経済に何があったのかをよく表しています。

図表3でグラフにしてみると、ポイントが四つあることが分かります。二〇〇八年のリーマンショック、二〇一一年の東日本大震災、二〇一二年末からのアベノミクス開始、そして二〇一四年の消費税増税……これら一つ一つが日本企業の売り上げや利益に絶大な影響を与えていることが数字の上から見て取れます。

二〇〇五年から二〇〇六年にかけての企業の売り上げおよび営業利益は順調に伸びていました。ちょうど小泉純一郎《こいずみじゅんいちろう》内閣と第一次安倍内閣の頃に当たります。この基調がこのまま続けば、日本経済は一〇年早くデフレを脱却していたでしょう。

しかし、悪いことが二つ起こりました。一つは日本銀行（日銀）の裏切り、もう一つがリーマンショックです。

アメリカでサブプライムローン問題が燻《くすぶ》り始めた二〇〇六年三月、日銀の政策決定会合で突如、金融引き締めが決定されました。このとき日銀総裁だった福井俊彦《ふくいとしひこ》氏は、半ば強引にこの決定を誘導したことが、二〇一六年に公開された議事録で判明しています。

「日本経済新聞」は、次のように報じました。

図表2　一企業あたりの売上高と営業利益

	売上（億円）	伸び率	営業利益（億円）	伸び率
2007年度	256.2	0.94%	9.7	−9.32%
2008年度	240.8	−6.02%	4.3	−56.19%
2009年度	210.6	−12.56%	4.4	3.26%
2010年度	220.2	4.58%	7.1	60.59%
2011年度	217.9	−1.04%	5.7	−19.33%
2012年度	220.8	1.30%	6.0	4.26%
2013年度	236.6	7.16%	8.3	40.05%
2014年度	237.2	0.26%	8.5	1.54%
2015年度	234.8	−1.01%	9.1	7.24%

データ出所：経済産業省「企業活動基本調査」

図表3　売上と営業利益の前年比推移

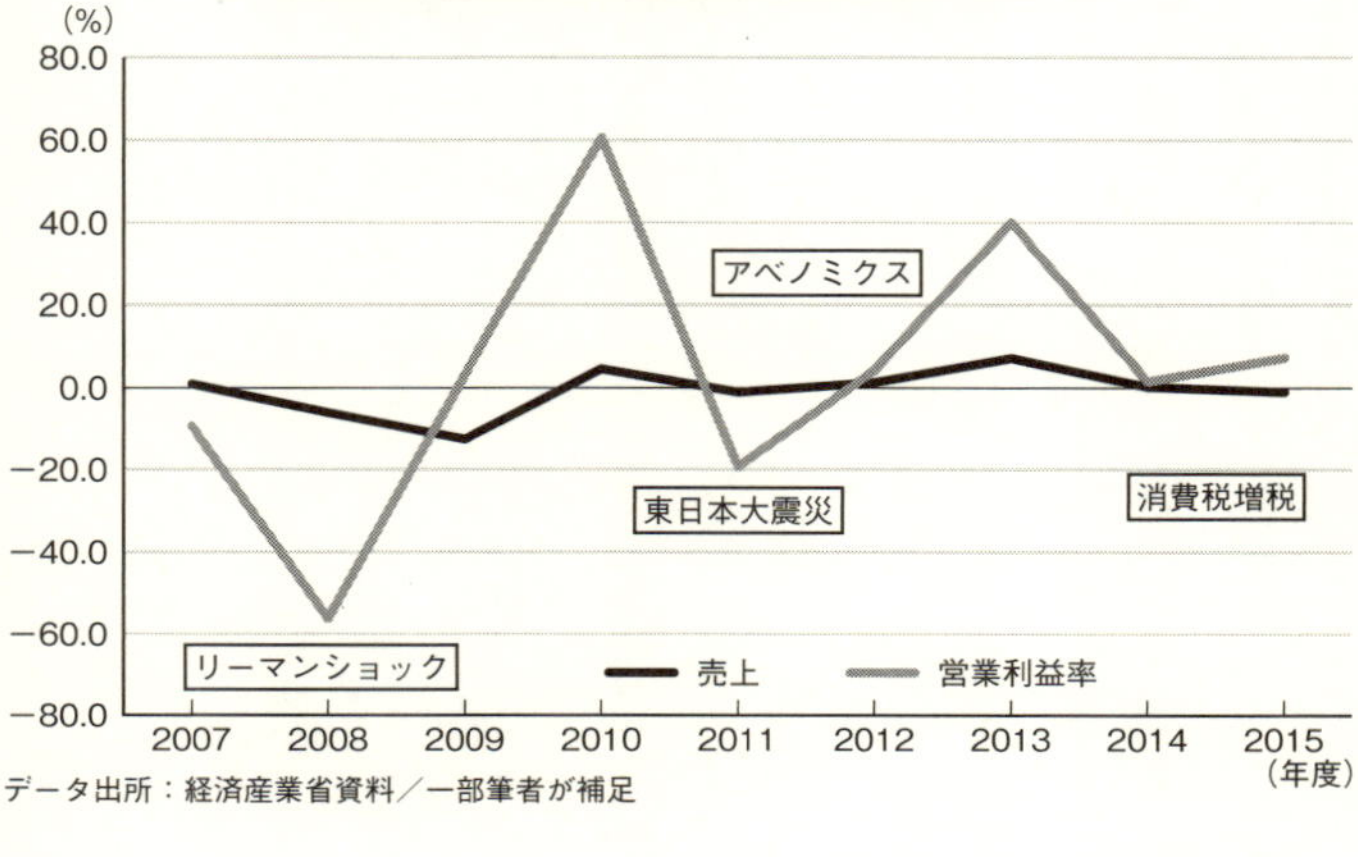

データ出所：経済産業省資料／一部筆者が補足

〈日銀が〇六年一～六月の議事録公開　福井氏、緩和解除押し通す
日銀は一五日、二〇〇六年一～六月の金融政策決定会合の議事録を公開した。福井俊彦総裁（肩書は当時、以下同じ）は三月九日の会合で「消費者物価指数（ＣＰＩ）の前年比はプラス基調が定着していく」と指摘し、五年間続いた量的金融緩和の解除を決定。慎重論もあったが、バブル再燃への警戒などから緩和解除を押し通した。
（中略）〇六年八月のＣＰＩ基準改定後、新基準では解除当時の物価上昇率がゼロ％前後だったと判明。三月の会合でも基準改定後の物価上昇率を危ぶむ声はあったが、解除の流れは止まらなかった〉
（「日本経済新聞」二〇一六年七月一五日付）

なぜ日銀はデフレを長引かせたか

まだ物価上昇率が〇％でバブルを心配する必要などないのに、当時の日銀総裁だった福井俊彦氏は金融引き締め策への転換を強行、そのまま政策決定会合を押し切ってしまいました。消費者物価指数の基準改定後の物価の動きを見極めてから判断してもまったく問題なかったのに、なぜ日銀はこれほど金融引き締めを急いだのでしょうか？　それには三つの仮説があります。

第一の仮説は、「日銀が先輩を否定できない小役人の集団だ」というものです。

一九九〇年代のバブル退治が間違いであり大失敗だったということを未だに認められず、先輩に気を遣っている。そんな小役人の一人が日銀元総裁の白川方明《しらかわまさあき》氏です。彼が日銀総裁時代の採用ページには、バブルは悪でそれを倒した日銀は善であるといった主旨の文章が掲載されていました。

第二の仮説は、「彼らが本当はバカである」というものです。

デフレはお金が不足することによってモノよりもお金の希少価値が高まることで発生する現象（貨幣現象）です。お金が足らないならお金を刷ればいいのですが、偏差値の高い大学を出た日銀の行員は、そんな簡単なことすら分からないぐらいバカだった。ちょっと信じられない仮説ですが、日本の歴史はエリートが集まってバカなことをするということの繰り返しですから、あながち間違いとはいえません。

第三の仮説は、「彼らが売国奴であり外国のスパイである」という陰謀論です。

何の根拠もありませんが、結果的には日本経済の活力を削《そ》ぎ、第二次安倍政権が誕生するまでデフレを一四年間も放置し続けています。海の向こうの独裁国家から見れば、日本が勝手に経済的に弱体化することは喜ばしいことです。まさか海の向こうの独裁者の意図を忖度《そんたく》して、そんなことをしたのでしょうか？

すべての仮説が当てはまるケースも考えられますが、いずれにしても、日銀が国民のためというより、自分たちの組織の都合を優先して金融政策を決定してきたことは間違いありません。そういう意味では、第二次安倍政権になって日銀正副総裁と政策審議委員が交代し、まともな人が増えたことはラッキーでした。少なくとも、速水《はやみ》優《まさる》、福井、白川の日銀プロパーの総裁よりはずっとマシです。

ポスト安倍のイカれた政治家たち

とはいえ、日銀総裁と審議委員には任期があります。マスコミの偏向報道により、新しい審議委員に変な人が選ばれてしまうと大変です。先ほども述べたとおり、ポスト安倍には緊縮大好きな増税派しかいませんから、金融政策についても余計な口出しをしてくる可能性があります。

たとえば、安倍政権がマスコミの偏向報道によって弱っているときにいつも後ろから撃ってくる石破茂という政治家がいます。この人はアベノミクスにも反対で、経済政策についてはこんな恐ろしいことをいっています。

〈私は（消費税を：筆者註）上げるべきだと思っている。今後上げなかったら本当に大変なことになる。この国は必ずしも理論的に実証されているわけではないが、消費税を上げると景気が悪くなるって、その後の政策が非常に打ちにくい。時の政権の判断で消費税を上げたり、上げなかったりするのは、社会保障のサステナビリティから言って非常にまずい。仮に消費税を上げられないとしたらどうするんだ、無責任だと思う〉

（フジテレビ「ホウドウキョク」二〇一七年八月一日付）

財務省の官僚から何を吹き込まれたか知りませんが、日本は財政危機で国家破産するという与太話《よたばなし》を頭から信じているようです。麻生太郎《あそうたろう》氏も野田聖子《のだせいこ》氏も小泉進次郎氏も、基本的に、これと変わりません。野党の民進党も同じレベルです。まかり間違って、こういう人たちが権力の座に就いたらどうなるでしょう？

石破氏をはじめとしたイカれた経済論の信者たちは、金融政策についても恐ろしい認識を持っています。たとえば、石破氏は記者会見で次のようにいいました。

〈「インフレのコントロールは難しく、緩やかなインフレをうまく実現した例は過分《ママ》（寡聞）にして知らない。日本では戦後の七〇年前にハイパーインフレ（急激な物価上昇）になり、富が労働者から国に転嫁《ママ》（化）された。インフレを大々的に起こしていいということにはならない」と指摘。このまま金融緩和を続ければハイパーインフレにつながる懸念が大きいとして、「出口戦略を考えなければならない」と強調した〉

（「Ｒｅｃｏｒｄ　Ｃｈｉｎａ」二〇一七年五月二二日付）

完全にイカれております。ハイパーインフレを本気で心配しているとしたら、石破さんは絶対に経済閣僚にはなってはいけないし、おそらく政治家になっていい人ではないかもしれません。

いまだデフレに引き寄せられる力が強く、日銀がこれだけ苦労してもなかなか物価が上がらない現状において、ハイパーインフレを心配するのはいかがなものでしょうか？　経済的なセンスの欠片《かけら》も感じられません。

景気が良くなると腰を折る政策を

ポスト安倍にこれだけイカれたメンバーがそろっていたら、経営者でなくても将来が不安になるでしょう。従業員の雇用を守り、給料を払い続けなければならない経営者なら、なおさらです。

しかも、この状況は現在に限った話ではなく、バブル崩壊以降、かれこれ二〇年以上ずっと続いているとしたらどうですか？

前掲の「一企業あたりの売上高と営業利益」の推移のグラフをもう一度よく見てみましょう。日本は景気が良くなり始めると金融引き締めや増税を行って景気の腰を折るという愚かな政策を続けてきたことが分かります。

二〇〇六年の量的緩和解除、その後、福田康夫《ふくだやすお》政権、麻生太郎政権、民主党政権と続いた経済失政……安倍政権誕生直後はこの失敗を埋めて余りあるパフォーマンスを発揮したにもかかわらず、二〇一四年の消費税増税で、企業の売り上げも利益も横ばいとなってしまっています。

経営者はこのような歴史に学びます。だから、いまは一時的に景気が良くても将来的に景気が悪くなる可能性が高いと思っているのです。

そのため、賃上げにも慎重だし、社員に還元するとしても、一時的なボーナスでお茶を濁します。いったん社員の給料を上げてしまうと、もうそれが当然の権利のようになってしまい、なかなか賃下げをすることができなくなるからです。

では、日本政府がマズい政策を実行することを、どうやって防げばいいのでしょうか？石破茂氏に代表される増税派・緊縮派の政治家を全部落選させてしまえば、将来の不安は払拭《ふっしょく》できるはず。本来、政治家は国民の経済厚生のために、不況を招くような政策には反対しなければならないし、そうすることでたくさんの票が集まるはずです。

ところが石破茂氏のような政治家が、意外と地方では人気があるというのも現実です。石破氏の言葉によれば、「デフレで地方のオバチャンは、物価が安くなって喜んでいる」……そんなあたりが地方での人気の秘密かもしれません。

そうした政治の現状を見たとき、経営者はリアリストですから、あるべき姿と現実の姿を分けて考えます。景気悪化のリスクが高いと思っても、それが日本の国益にとってマイナスであるとか、あってはいけないことだという倫理的な評価はしません。

経営者自身が経済政策の決定権を持っていない以上、それが仮に悪い政策であったとしても、採用されれば所与の条件として受け入れるしかありません。経営者の多くは、現状追認型、あるいは付和雷同型であるといっても過言ではないでしょう。

結果、日本が再びデフレに陥れば「デフレに最適化した戦略を採るまで」と考えている経営者はたくさんいます。もちろん、個別の企業の生き残り戦略としてそれは間違っていません。

しかし日本全体で見れば、それは単に全体のパイが縮小していくなかで奪い合いをしているだけ……最後は全員が困窮してゲームオーバーです。当然、日本の国益上も何のメリットもありません。

経営者たちが権力に擦り寄るわけ

多くの大企業の経営者は偏差値の高い大学を出たエリートたちであり、経済政策の目的は景気を悪くすることではないと、頭では理解しています。それなのに、与えられた状況に唯々諾々《いいだくだく》と従い、なるべく摩擦を起こさないようにしています。

デフレになったのは政府がバカな経済政策を採用したためですが、それを公然と批判することはありません。彼らは状況を追認するだけで、状況をより良く変えようともしません。結局、彼らの多くが既得権者であり、現状のシステムから、むしろ恩恵を受けているからです。

それが証拠に、日本の大企業経営者は耳を疑うような提言をしています。

〈消費税一七%、社会保障費削減を　経済同友会が財政再建で提言

経済同友会は二一日、財政再建に関する提言を発表した。歳入面では二〇一七年四月に消費税を予定通り一〇%に引き上げるだけでなく、一七%まで段階的に追加で増税すべきだと求めた。歳出も社会保障分野の大胆な改革と給付カットが必要だと訴え、年間五〇〇〇億円のペースでの公費削減に取り組むよう促した。

三〇年までの今後一五年間の財政状況も試算した。名目成長率が一％で推移すると想定したうえで、一七年四月の一〇％から消費税の追加の引き上げを実施しない場合、二〇年の国・地方の基礎的財政収支は一五兆円強の赤字となる。国内総生産（ＧＤＰ）比でも三・〇％のマイナスになると予測した。

（中略）「すべてをやり遂げたとしても必要十分とは言い切れないのが、日本の財政の現状だ」（岡本圀衛《おかもとくにえ》・日本生命保険会長）と危機感を強調した〉

（「日本経済新聞」二〇一五年一月二一日付）

大企業の経営者はとても狡《ずる》い。本来なら彼らは経済失政の犠牲者であるはずなのに、政府の経済失政は一切批判せず、長いものに巻かれろとばかりに権力に擦り寄っています。

そもそも、名目成長率を一％に設定している時点で、このシミュレーションはトンデモものです。名目成長率を求める公式を確認しておきましょう。

名目成長率 ＝ 実質成長率 ＋ 物価上昇率

彼らのシミュレーションは実質成長率も一％以下、物価上昇率は下手をすると〇％の前提に立っているわけです。つまり、限りなくデフレ的な状況が続くという前提で、重税を課すべきだと提案していることになります。そんなことをすれば、自分が経営する企業の売り上げや利益が減って、大変なことになるというのに……。

経済同友会の代表幹事は三菱ケミカルホールディングス取締役会長の小林喜光《こばやしよしみつ》氏で、幹事にはコマツ、日産自動車、丸紅、東京海上ホールディングスなど、日本を代表する名だたる大企業が名を連ねています。

偏差値の高い大学を出て、素晴らしい経歴を積んだ立派な人が、なぜこんなバカなことをいうのか？「エリートが集まるとバカになる」という歴史法則とでもいうべきものから、どうやら日本人は逃げられないようです。これこそがまさに江戸幕府が滅びた理由であり、大東亜戦争に突入した理由です。

日本は三度も大局を見誤るのでしょうか？

本来は経済失政の被害者であるはずの企業経営者（特に大企業）が、むしろ経済失政を助長する政策提言を行っているのは、極めて滑稽《こっけい》です。そして当然、その提言が実現すれば再び日本経済はデフレ不況に陥る……それを見越して内部留保を積み上げる……何か自己実現的な予言のように思えて仕方ありません。

かつてオウム真理教は地下鉄サリン事件（一九九五年）を起こしてハルマゲドンを自作自

演しました。日本の大企業経営者も、あれと変わらないように思えます。彼らは、緊縮真理教、あるいは増税原理教の信者なのです。

これが果たして経営でしょうか？ これは宗教活動であって、経営ではありません。

私は経済評論家であると同時に、中小企業の経営者でもあります。大企業のサラリーマン経営者とは違い創業社長であり、オーナー社長です。自分で身銭を切って会社を設立し、会社が潰れれば酷《ひど》い懲罰を受けなければなりません。

数年の任期を務めてOBになったら、後は無責任な立場で古巣に隠然たる権力を行使するお気楽な身分ではないのです。

だからこそ、彼らの無責任で身勝手な提案には腹が立ちます。従業員の生活をなんだと思っているんだ、と。そして、国民を、この日本という国を、なんだと思っているんだ、と。

日本企業が積み上げる内部留保の背後には、この国を惑わせた邪悪な歴史法則が存在している。それぐらい、この問題は根深いということを頭に入れておきましょう。

本章の冒頭の質問の趣旨、「日本企業はなぜ内部留保を貯め込む必要があるのですか？」に対する正しい答えは次のようになります。

「将来的に不況を招き、経営が不安になるようなバカな政策を、自分で応援し、それが実現することを恐れているからです」

Q2 企業の内部留保四五〇兆円は、賃上げのためなどに使えないのでしょうか？

A2 使えません。なぜなら、すでに使われているからです。

財務大臣は増税の口実に？

財務省の「法人企業統計」によると、二〇一七年九月末の企業の内部留保は、前年比五三兆円増の四五〇兆円に達しているそうです。麻生財務大臣は二〇一七年七月二一日の経団連夏季フォーラムで講演し、企業の内部留保について次のように言及しました。

〈「内部留保、住宅補助に充当を」麻生氏が経団連フォーラムで苦言

麻生太郎副総理・財務相が二一日に開いた経団連の夏季フォーラムで講演し、積み上がる企業の内部留保に苦言を呈した。

麻生氏は「（経済界の要望で）法人税を下げて内部留保が増えて世間が納得するだろう

か」と発言。「内部留保を使って住宅補助手当をやったらどうか」と提案したうえで「内部留保課税が出てくる前にやった方がよい」と話した〉

（「日本経済新聞・電子版」二〇一七年七月二一日付）

会社が儲かっているのに社員に還元することなく利益を貯め込んでいることは「世間の批判を浴びるので改めるべきだ」という提言です。確かに正論のように聞こえます。しかし、内部留保に課税するとか、早くも増税の口実に使う気満々に見えるのはいただけません。増税は景気を冷やして企業収益を悪化させるため、企業はますます内部留保を積み増そうとするでしょう。

この問題は増税では解決できません。麻生大臣の増税提案は、むしろ逆効果といっていいでしょう。

そもそも「内部留保」について語るときに、私たちは大きな誤解をしています。企業の内部留保というものが、現金や預金として積み上がっていることは、ほとんどありません。多くの人は内部留保という漢字の意味のイメージから「（お金を）内部に留めてキープすること」と誤解しています。しかし、これはあくまで言葉の持つイメージに過ぎません。

内部留保は会計上の用語であって、イメージと実態はまったく異なります。この点を正しく理解しないと、企業の内部留保問題を誤解することになります。

では、そもそも内部留保とは何なのか？　そのことを理解するために、企業の利益分配の仕組みについて知る必要があります。

企業は営業活動で獲得した利益を処分する場合、社外に流出させるか社内に留保させるか、いずれかを選択しなければなりません。

「社外に流出させる」とは、具体的には、株主への配当です。従業員への給料やボーナスの支払いは利益を計上する前に行われてしまうので、本来は利益分配とはいいませんが、この場では利益分配に含めておきましょう。文字通り、利益は株主や従業員などに現金や預金で配られて社外に出て行きますので、そう考えて差し支えありません。

逆に、利益を「社内に留保する」とは、株主や従業員にお金を配らないことです。利益を社内に留《とど》めて、具体的には現金や預金のままで保有する、あるいは有価証券を購入する、設備投資など実物資産を購入する、そして借金を返済する、といったことに使います。

有価証券や実物資産を買った場合、現金や預金が流出したように見えますが、それと引き換えに有価証券や実物資産が会社に入ってきますので、利益は社内に留まっています。

また借金を返済した場合は、負債の減少で純資産が増加するため、やはり利益は実質的に社内に留まっています。分かりやすく図にまとめておきましょう（図表４参照）。

図表4　社外と社内に振り分けられる資金

社外に流出	株主への配当
	従業員への還元（給料、ボーナスなど）
	その他
社内に留保	現金
	預金
	有価証券
	実物資産（生産設備、本社ビルなど）
	借金の返済
	その他

＊図表は筆者による作成

図表5　企業の純資産の内訳

純資産の部の勘定科目	発生源
資本金	投資家
資本準備金	投資家
資本剰余金	投資家
利益剰余金	企業の営業活動

＊図表は筆者による作成

この社外に流出せず企業の内部に留まる利益のことを「内部留保」と呼びます。

内部留保は勘定《かんじょう》科目ではありません。あくまで利益処分の選択肢のことを指します。だから、上場企業の貸借対照表をいくら眺めても、「内部留保」という勘定科目は見つかりません。

通常、マスコミ報道などで「内部留保」としてカウントされるのは、「利益剰余金」という勘定科目です。企業の純資産（資本）の部は、資本金、資本準備金、資本剰余金、利益剰余金などによって構成されています。

このうち利益剰余金のみが企業の営業活動から生じます。それ以外はすべて投資家によって外部からもたらされたお金です（前ページ図表5参照）。

内部留保を住宅手当に充てると

日本企業に利益剰余金としてカウントされる金額がどの程度積み上がっているかについてデータを確認しておきましょう。財務省の法人企業統計によれば、確かに利益剰余金は、ほぼ右肩上がりで増えています（図表6参照）。

利益剰余金がどのような形で社内に留保されるかについては、現金、預金、有価証券、実物資産の購入、借金の返済、その他、と便宜上六つに分類しました。もし現金、預金、有価

図表6　利益剰余金の推移（単位：兆円）

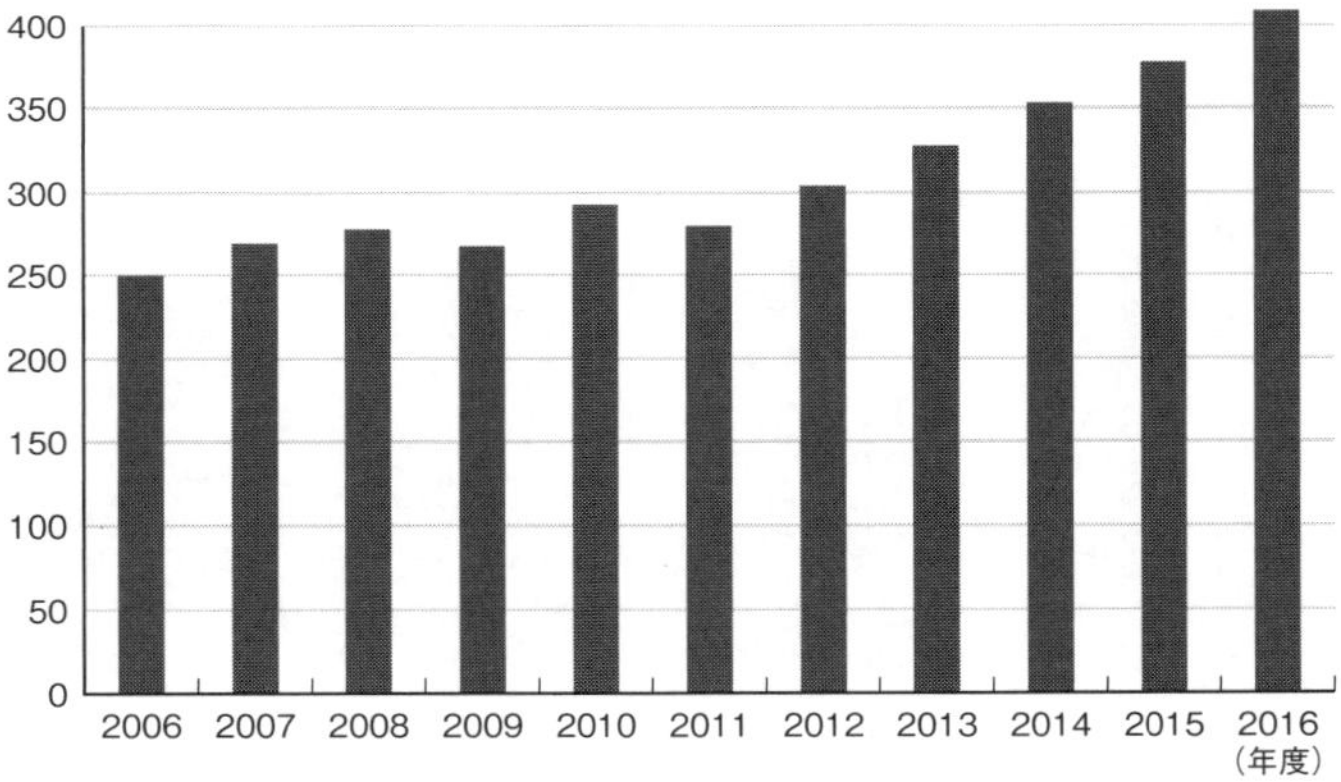

データ出所：財務省「法人企業統計」

証券などの形で企業の利益剰余金が留保されているなら、麻生大臣のいうとおり、それを取り崩して住宅手当に充《あ》てることもできるでしょう。

しかし、実際にはそういうケースは希《まれ》です。たいていの内部留保は、建物や生産設備など、実物資産に変わっています。この点について明らかにするため、日銀の資金循環統計を調べてみました。

二〇一七年第1四半期末時点で、民間非金融部門が持つ現金、預金、有価証券の合計は、約六兆円です。これに対して同時期の内部留保は三九〇兆円なので、割合にして約一・五%……逆にいえば、内部留保のうち最大で九八・五%が何らかの形ですでに投資されてしまっている、ということになります。

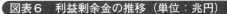

実際に「法人企業統計」を調べてみると、第二次安倍政権が誕生した二〇一二年以降、企業の設備投資は総じて前年同期比プラスで推移しています。その反対に、リーマンショック以降から第二次安倍政権誕生前までの間は、総じて前年同期比マイナスです。やはり、企業は利益を現金などで貯め込むより、再投資していることは間違いなさそうです。

「内部留保を積み上げる」という言い方をすると、いかにも現金や預金が貯まっているかのように錯覚《さっかく》しますが、実際には「株主や従業員に還元しないで営業活動に再投資している」というのが実態なのです。よって、内部留保を取り崩すというのは、たいていの会社にとっては、設備や本社ビルなどを売却することを意味します。

しかし本社ビルならまだしも、生産設備を売却すれば、その会社の将来的な生産活動は縮小してしまいます。本当にそんなことをしていいのでしょうか？　内部留保を取り崩して住宅手当に充てるという麻生財務大臣のアイデアは、どうもイマイチのようです。しかも、それが経営判断として正しいのかどうかすら、極めて微妙なところです。

すでに生産設備などに化けてしまった投資は、無理して現金化するより、むしろフル稼働させて、将来の利益を生んだほうがマシです。とはいえ、その結果として生まれる利益の大半を、再び設備に再投資し続けてもいいのでしょうか？

その経営方針については、十分に検討すべき点があります。もともと日本企業は、利益処分の方法として、株主や従業員への還元に消極的であると批判され続けてきたからです（実をいうと、もはやこの問題は日本企業だけの話ではないのですが、この点については章を改めて解説します）。

村上ファンドの慧眼

かつて話題になった、元通産官僚の村上世彰《むらかみよしあき》氏による村上ファンドは、まさにこの点を突いて一躍《いちやく》有名になりました。「日本企業は内部留保を積み上げること、つまり再投資をしてシェアを拡大することばかりに目を奪われて、株主に対して還元する努力が足りない」というのが彼らの主張でした。

特に彼らがターゲットにした企業は内部留保を再投資すらせず、漫然と現金、預金、有価証券で貯め込んでいた企業でした。村上ファンドを一躍有名にした東京スタイルとの争いにおいて、そのことは世間に知れ渡りました。このことを確認するため、東京スタイルの二〇〇二年度決算短信から、貸借対照表の一部を抜粋してまとめてみました（次ページ図表7参照）。

資本の部の約一五五六億円のうち、利益剰余金が八五七億円もあります。同時期の東京スタイルの売り上げは五八〇億円ですから、改めてその異常な規模の大きさが分かります。し

図表７　東京スタイルの2002年度決算短信（単位：百万円）

資産の部	175,584	負債の部	18,932
		少数株主持ち分	1,025
		資本の部	155,625

データ出所：東京スタイルHP

図表８　2002年東京スタイルの主な保有資産内訳（一部抜粋／単位：億円）

現金および預金	482
有価証券	306
投資有価証券	482
投資不動産	51
長期貸付金	17
合計	1,338

データ出所：東京スタイルHP

かも、総資産の約一七五六億円のうち、現金、預金、有価証券や、本業とは関係のない投資資産が、約一三四〇億円もありました。その中身は概《おおむ》ね図表8のようになります。

同年の東京スタイルの経常利益は四五億円です。実にその約三〇倍に当たる巨額の現金、預金、有価証券等を貯め込んでいた……これなら村上ファンドでなくても怒って当然かもしれません。日本の株主は、なぜ黙っていたのでしょうか？

総資産の半分が現金の会社は

確かに東京スタイルは極端な例ですが、日本企業は総じて、株主や従業員に還元することよりも、再投資をしたり、文字通りお金を貯め込んだりすることを好む傾向があるようです。

「東洋経済オンライン」が毎年行っている「最新！『キャッシュリッチ企業』トップ300社」という調査があります。これは約三五〇〇社の上場企業を対象とし、「有利子負債依存度が一〇％以下の会社のうち、『総資産』に占める『現金』の割合（純現金総資産比率）の高い三〇〇社をランキングした」ものです（次ページ図表9参照）。

有利子負債依存度が低いということは、ほぼ無借金経営に近い。しかも総資産に占める現金の割合が高いということは、お金を再投資することとすらせずに貯め込んでいる会社だ、と

図表9　総資産に占める手元資金が潤沢な会社（1～50位）

順位	社名	純現金総資産比率（%）	ネットキャッシュ（億円）	平均年齢（歳）	平均年収（万円）
1	御園座	98.2	45	52.3	404
2	オンコセラピー・サイエンス	95.0	129	38.4	608
3	リボミック	93.0	29	41.1	556
4	日本ファルコム	91.7	38	35.9	522
5	比較．ｃｏｍ	90.4	21	33.2	426
6	デ・ウエスタン・セラピテクス研究所	90.1	19	37.0	433
7	アトラエ	89.6	12	－	－
8	デザインワン・ジャパン	89.4	21	30.4	485
9	グリーンペプタイド	88.3	25	40.3	604
10	ストライク	87.5	23	－	－
11	シンバイオ製薬	85.5	42	48.4	1,112
12	キャンバス	84.3	8	42.6	628
13	フード・プラネット	83.6	1	－	－
14	ビリングシステム	83.4	54	39.3	572
15	ウェルネット	82.7	174	34.3	507
〃	セルシード	82.7	20	44.8	607
17	イトクロ	82.6	35	29.1	459
18	ユビキタス	82.4	25	43.5	720
19	ＡＣＣＥＳＳ	82.1	252	37.7	688
20	カイオム・バイオサイエンス	81.4	40	39.3	680
21	ＪＡＣ　Ｒｅｃｒｕｉｔｍｅｎｔ	81.3	75	33.6	671
22	ヘリオス	80.7	84	38.3	707
23	オンコリスバイオファーマ	80.1	32	43.3	662
24	サイジニア	79.9	7	36.7	601
25	キャリアインデックス	79.6	8	－	－
26	ファーストロジック	79.0	17	29.9	543
27	ソフトフロントホールディングス	78.1	10	38.5	587
28	モーニングスター	77.7	74	41.5	515
29	光ハイツ・ヴェラス	77.4	60	43.3	311
〃	オープンドア	77.4	25	35.5	536
〃	ｓＭｅｄｉｏ	77.4	13	38.7	657
32	エスクロー・エージェント・ジャパン	77.1	16	40.2	462
33	ミクシィ	76.5	1,263	32.3	759
34	シンクロ・フード	76.3	5	－	－
35	エンカレッジ・テクノロジ	76.1	24	36.4	548
36	リンクバル	75.9	11	29.4	472
37	ノムラシステムコーポレーション	75.7	12	－	－
38	メディカルネット	75.5	12	36.3	440
39	ガンホー・オンライン・エンターテイメント	75.2	812	37.4	632
〃	ベクター	75.2	14	39.7	482
41	ヒューマン・メタボローム・テクノロジーズ	75.1	12	39.0	455
〃	ジェイ・エスコムホールディングス	75.1	3	－	－
43	Ａｉｍｉｎｇ	74.9	72	30.0	341
44	ダブルスタンダード	74.8	8	35.1	525
45	クリップコーポレーション	74.7	50	35.1	385
46	みんなのウェディング	74.5	26	33.9	525
47	スリー・ディー・マトリックス	74.3	33	41.4	672
48	クレアホールディングス	73.8	18	－	－
49	ジーダット	73.7	21	46.6	713
50	アークン	73.4	9	39.4	622

注：ネットキャッシュは（現金預金＋短期保有有価証券－有利子負債－前受金）で算出。－は平均年収、平均年齢が未公開。金融系企業は原則対象外とした

データ出所：「東洋経済オンライン」2017年1月6日付

いうことです。上位六社の御園座、オンコセラピー・サイエンス、リボミック、日本ファルコム、比較.com（現・手間いらず）、デ・ウエスタン・セラピテクス研究所は、現金比率が、なんと九〇％以上です。

このリストの最下位の三〇〇位には、クイック、オリジナル設計、ランドコンピュータの三社がランクインしていますが、最下位とはいっても、現金比率は四四・二％もあります。総資産の約半分が現金だということです。

さすがに、これはやり過ぎではないでしょうか？　そんなに儲かっているなら、株主や従業員に気前よく還元してくれても良さそうですが、上位六社のうち、御園座、オンコセラピー・サイエンス、リボミック、デ・ウエスタン・セラピテクス研究所は、無配当でした。ちなみに、配当がある日本ファルコムの予想配当利回りは〇・五五％、比較.comは〇・三〇％でした。これは東証一部平均の一・八〇％、二部平均の一・〇一％を大きく下回っています。

景気悪化で労働分配率が上がるわけ

次に、従業員への還元についても考察してみましょう。企業が従業員にどの程度還元しているかは、労働分配率という指標を見れば一目瞭然《いちもくりょうぜん》です。まずは日本の労働分配率の推移

図表10　労働分配率の推移

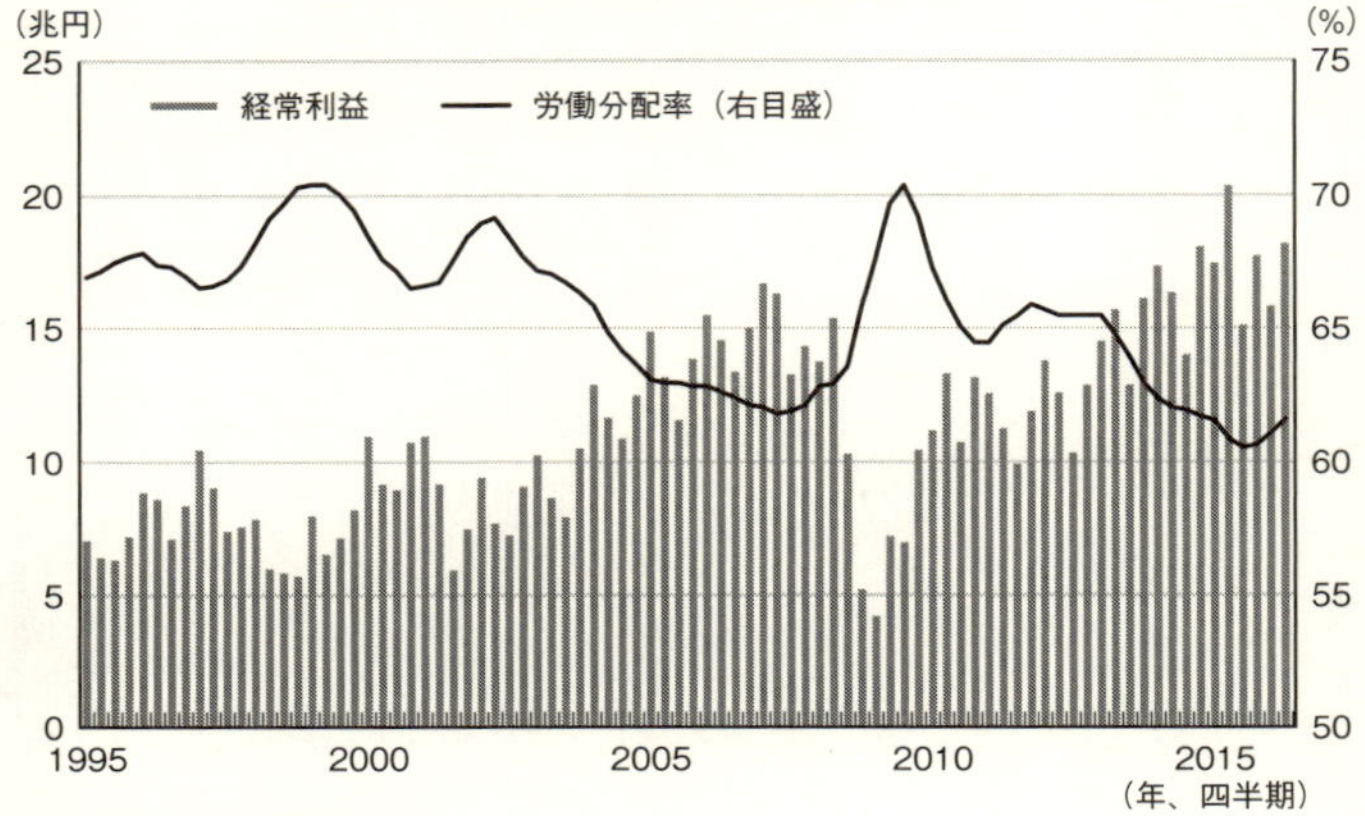

注1：後方4四半期移動平均値
注2：労働分配率＝人件費÷付加価値額×100（%）
注3：付加価値額＝経常利益＋人件費＋支払利息・割引料＋減価償却費
データ出所：財務省財務総合政策研究所「法人企業統計季報」

をグラフで確認してみます（図表10参照）。

このグラフから分かる傾向は明らかです。景気が良くなると、それからかなり遅れて労働分配率が上昇していることが確認できます。

一九九〇年代初頭のバブル崩壊以降、労働分配率はしばらく高いまま推移しましたが、二〇〇〇年ごろから低下しました。小泉内閣の頃は下がり続けた労働分配率が、リーマンショックの頃になって遅れて急上昇しています。アベノミクスの効果がなかなか現れていなかったのも、この長いタイムラグのせいです。

景気が良くなると人手不足になるため、企業は従業員の待遇を改善し、労働力の確保を図ります。その後、景気が悪くなっても、売り上げや利益の減少割合と同じくらい従業員の給料をカットすることはできません。なぜなら、そんなことをしたら従業員の大量離職を招き、生産活動に支障をきたすだけでなく、労働法上の訴訟リスクが顕在化するからです。

景気が悪くなったときに労働分配率が上がるのは、売り上げが急減するのに対して賃金が現状維持だから、というだけの話です。

アベノミクスがあと一〇年続くと

アベノミクスは少なくとも、民主党政権時代の混乱に比べれば、水準的にはずっとマシな経済状態を実現しました。失業率は大幅に低下し、就業者数は一九〇万人以上増えました。新規の採用が増えたということは、企業が人への投資を増やしたと言い換えることができます。

もちろん、新規採用の社員の給料は安いので全体の平均は低くなりますが、彼らが失業したままでいるよりは、ずっとマシです。

この調子でアベノミクスがあと一〇年続くなら、企業経営者は将来的な人手不足を予想して、従業員の大幅な待遇改善を図るでしょう。その場合、企業の利益は従業員への還元に使われることになります。これは、機械設備などより人的リソースのほうが貴重になると言い換えることができます。

ところが、将来的に景気が悪化する可能性が高いとき、将来的なコスト増につながる賃金アップなどの待遇改善には、なかなか手が出せません。これはQ1で説明したとおりです。もし不況になれば人は余ってきますから、当然といえば当然です。

しかも、一度給料を上げてしまったら下げられません。リーマンショックのときに労働分配率が急上昇した理由は、売り上げや利益が急減するなか、従業員の給料がほぼ横ばいだったからです。その結果、企業の経営は苦しくなり、リストラなどの悲劇が起こりました。

さて、消去法で考えてみましょう。いま企業経営者は、利益を社外に流出させるべきか、それとも社内に留保すべきか？

先ほど村上ファンドの話でおさらいしたとおり、日本企業は、伝統的に利益を社内に貯め込む傾向があります。そんな日本企業の経営者が、将来的には不況と人余りになると予想したらどうなるでしょう？　目先の需要を満たすために設備投資を行い、人件費の安い新人の採用を強化するのではないでしょうか？　そうすれば、モノが売れなくなったときに、比較的新しい設備と安い人件費で生産活動が継続できます。もちろん、給料に結果が見合わないシニア世代は、リストラの対象となるでしょう。

――経営者がそのような予想に基づいて行動した結果、内部留保が増える……これこそが、現在の日本企業の状態です。

内部留保の問題の背後には、そんな恐ろしいシナリオがあります。結局、企業経営者はみな現状を追認するだけで、この状況を変革しようとは思っていません。企業経営者は過去の歴史のトラウマから、景気が良くなっても、それが長期的に続くという確信を得られなければ、無理をして従業員の待遇を改善しません。目先の景気が良くて、今後はもっともっと良くなりそうだとなって初めて、従業員の待遇改善の強いインセンティブが働きます。いまの日本でいうなら、「アベノミクスがあと一〇年続くことが確実だ」という確信が得られたときです。

しかし、Q1で指摘したとおり、増税や金融緩和の停止など、緊縮スタンスの政治家が多すぎますし、官僚たちが緊縮病のようにこれらの政策を善として喧伝《けんでん》し、マスコミがその尻《しり》馬《うま》に乗っています。まさに、内部留保問題の根本的な原因は、こうした政府やマスコミなどの姿勢にあるのです。

もし企業経営者がこの状況を追認し、こうしたシナリオに基づいて行動するなら、自己実現的な不況が起こるかもしれません。それこそがまさに「エリートが集まるとバカになる」という歴史の繰り返しに他なりません。

Q3 日本と世界各国の政府は一体、どんな経済政策を目指しているのでしょうか？

A3 よく分かりませんが、目標設定が不明瞭なため、企業が内部留保を貯め込むことになったのは確かです。

欧米企業も内部留保を貯め込んで

ここまで日本企業が内部留保と現金を貯め込んでいるという話をしてきました。かつて、それは日本企業特有の現象だといわれていたのですが、最近これが日本だけの話ではなくなってきたようです。まずは、次のグラフをご覧ください（図表11参照）。

なんと、二〇〇〇年以降、欧米諸国においても利益を内部に留保して現金を貯め込む会社が増えているのです。内閣府の「年次経済財政報告」には、確かに次のような記述があります。

図表11　内部留保と現預金保有に関する国際比較

企業部門で進む内部留保、現預金の蓄積

①内部留保率の推移

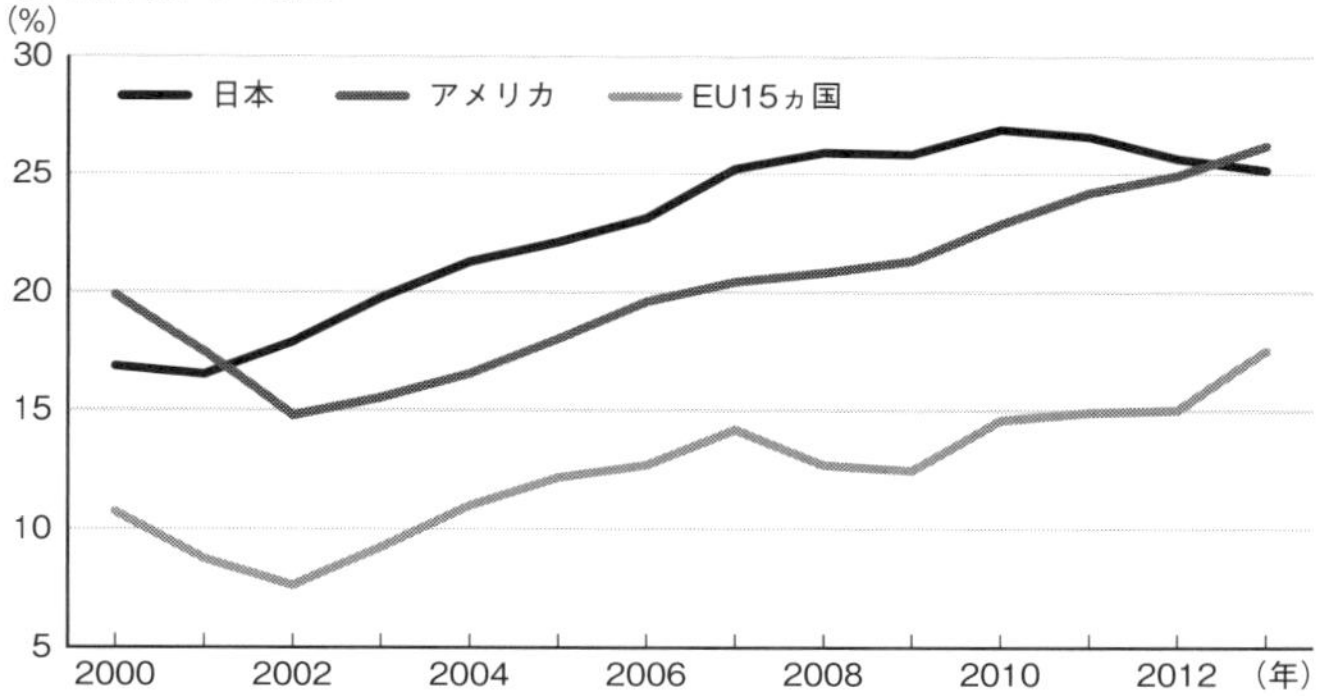

②現預金比率の推移

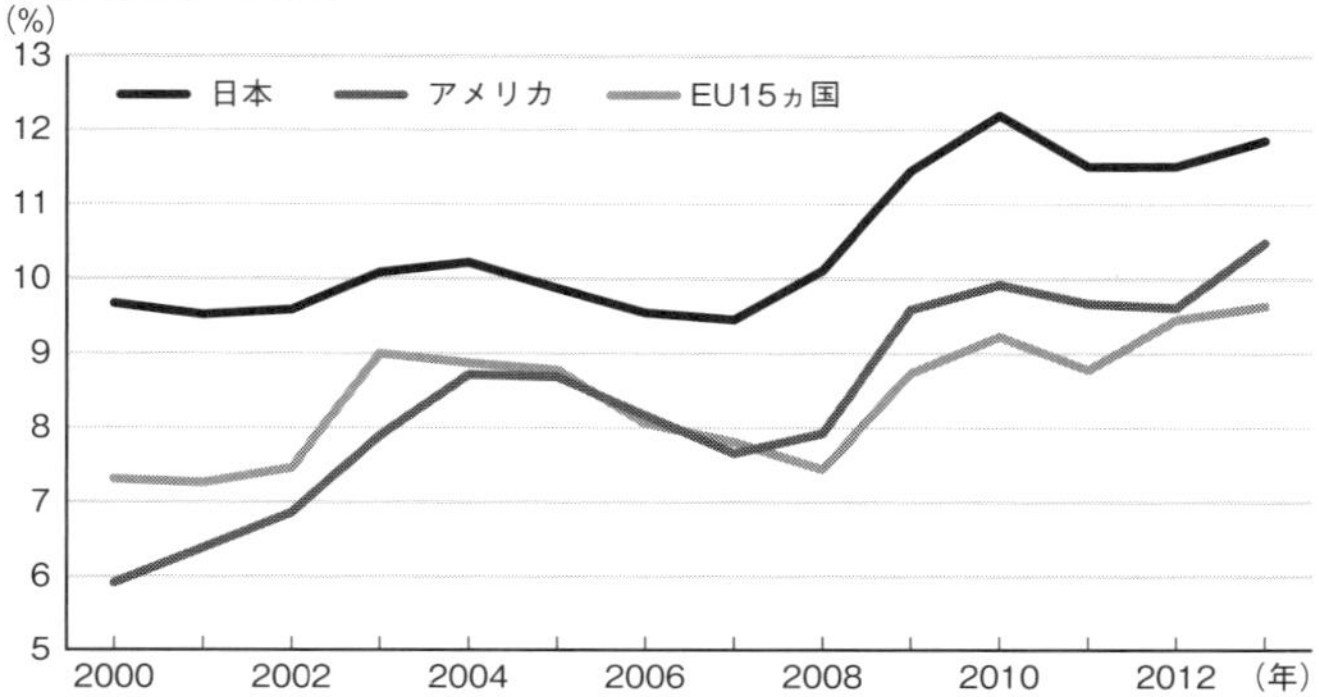

備考：1．Bureau van Dijk社"Osiris"により作成。内部留保率＝利益剰余金／総資産、現預金比率＝現金または同額価値／総資産。
2．EU15ヵ国は、オーストリア、ベルギー、デンマーク、フィンランド、フランス、ドイツ、ギリシャ、アイルランド、イタリア、ルクセンブルク、オランダ、ポルトガル、スペイン、スウェーデン、イギリスの15ヵ国。
3．対象企業は、各比率を全期間で取得可能な各国の上場企業。対象企業数は、日本：1,317社、アメリカ：2,200社、EU15ヵ国：1,686社。

データ出所：内閣府「年次経済財政報告」(平成27年度)

〈企業部門の高い収益性・生産性を実現していくためには、中長期的観点からの企業による積極的な投資行動が求められるが、二〇〇〇年以降、欧米の上場企業で内部留保及び現預金比率を増加させてきたように、日本の上場企業でも内部留保が蓄積し、また、同時に現預金の保有も増加した〉

（内閣府「年次経済財政報告」平成二七年度）

あれ？　この説明、なんか変ですね。内閣府の説明によれば、欧米企業が内部留保と現金貯め込みのトレンドを作り、日本企業がそれに乗ったかのような言いっぷりです。

しかし、グラフを虚心坦懐《きょしんたんかい》に眺めれば、日本企業の内部留保や現預金保有比率のほうがもともと高く、二〇〇〇年以降に欧米企業がその水準に追いつくように推移しているように見えます。

たいへん残念ですが、日本の官僚は、事実をねじ曲げているように思えます。だいたい、二〇一四年の消費税増税による消費の後退を、未だに公式には認められない人たちです……そういうねじ曲がった根性の日本の官僚が書いた文章ですから、せいぜいこんなもんだと思いましょう。この手の白書は、数字以外、真に受けないほうが良さそうです。

内部留保が経済合理性に適うわけ

さて、内部留保や現金の積み上げが増えていく理由について、前掲資料は「運転資金や将来の投資に向けた資金の確保、業績の悪化やリーマンショックのような危機への備えなど」や「使い道がないといった消極的な理由」を挙げています。これは本当でしょうか？

現金には金利も付きませんから、収益性の観点から考えても、企業がそんなにたくさん持っていて良い物ではありません。それをわざわざ選好《せんこう》する理由は何でしょうか？

現金を企業がたくさん保有することの問題点は、総資産収益率（ＲＯＡ）という数値の悪化という形で現れます。ＲＯＡとは利益を総資産（総資本）で割った指数のことで、「総合的な収益性の財務指標」のことです。

この数値は、投資されたお金が利益獲得のためにどれほど効率的に利用されているかを表しています。実質的な投資の利回りを表す指標だといってもいいでしょう。

欧米では、この指標が企業の収益性を判定する際に重視されます。つまり、株価を決定するということです。現在、東京証券取引所の出来高に占める外国人投資家の割合は約六割といわれており、日本企業の経営者も、この数値を無視することはできません。

ＲＯＡを上げるためには、手持ちの資産を現金や預金などで保有するのではなく、設備や人材に投資して、キャッシュを生むような仕事を作るしかありません。考えてみれば、それは企業経営者として当たり前の仕事です。ところが、日本の経営者のみならず欧米の経営者までもが、本来の仕事を忘れ、お金を貯め込んでいる……これは何かのミステリーでしょうか？

いや、実はそうでもありません。この行動には、それなりの経済合理性があります。確かにリーマンショック以前は、積極的に投資する企業のほうが、現金を貯め込む企業よりも評価される傾向がありました。ところがリーマンショック以降、その傾向が弱まっています。先ほど引用した内閣府の年次経済財政報告ですら、この原因については、次のように述べています。

〈リーマンショック後に増加した現預金の保有を上場企業が効率的に収益の向上に結び付けることができていないといった可能性も指摘できるが、こうした背景には、リーマンショック後の経営環境における不確実性の高まりが、収益性の高い事業への投資といった上場企業の積極的な姿勢と不確実性への対応といった保守的な姿勢とのバランスに影響を与えていることも考えられる。

（中略）企業が現預金を蓄積してきた背景には、長引くデフレ期待の下、投資機会を見出すことができなかったことや経済ショックへの備えなど様々であるが、経営者のマインドもまた重要な要因と考えられている〉

（内閣府「年次経済財政報告」平成二七年度）

まるで他人事《ひとごと》のように書いていますが、実はこれが正解です。「長引くデフレ期待の下、投資機会を見出すことができなかったことや経済ショックへの備え」のために現金を貯め込んだほうが、経済合理性に適《かな》っていた——ただそれだけの話なのです。

世界の政策当局者が恐れたインフレ

では、なぜ世界中の企業経営者は、デフレ期待が長引くと予想したのでしょうか？　その理由もまた簡単です。どの国の政府の目標設定も、とても不明瞭だったからです。

デフレは、モノとお金のバランスが、お金不足によって崩れることから発生します。よって、市場に大量のお金がばらまかれるという期待が発生すれば、たちどころに解消できます。つまり、デフレは貨幣現象なのです。

日本を除く欧米諸国は、リーマンショック直後に、この考えに基づいて即座に対応しました。その結果、短期的に経済は回復したかに見えました。民主党政権下の日本では何も対応せず、ドツボに嵌《は》まっていったのとは対照的です。

ところが、その後がいけなかった……ある程度、経済がショックから立ち直ると、欧米では緊縮ゾンビたちが跋扈《ばっこ》するようになりました。それがイギリスのキャメロン政権であり、フランスのオランド政権であり、ドイツのメルケル政権だったのです。

彼らは、金融政策のアクセルを全開にふかしているにもかかわらず、政府が財政政策を引き締め気味にすることで、景気の回復に事実上のブレーキをかけてしまった。もちろん、金融と財政の両方でブレーキをかけていた日本よりはずっとマシだったかもしれませんが、それでも本来なら、もっと景気が良くなるはずの欧米経済は、そのだいぶ手前で足踏みをするようになってしまいました。

欧米や日本の政策当局者は、何を恐れていたのでしょうか？　彼らが恐れていたのは、お金を刷り過ぎることの弊害、つまりインフレでした。

しかし、目の前でお金不足が起こっているのに、それが解決した先のことを心配するなんて、なんだか変です。大干魃《だいかんばつ》の最中に洪水を恐れるかのような愚かさを感じます。ただ、これこそが「緊縮病」特有の症状なのです。

「緊縮病」で起こる悲劇

「緊縮病」とは、通貨価値の下落やインフレを過度に恐れるあまり、金融政策や財政政策を引き締め気味にする精神の病気のようなものです。この病気の原点は、ドイツの「オルド自由主義」という経済思想にあるといわれています。

「オルド（Ordo）」とは、ラテン語で秩序のこと。「オルド自由主義」の考え方によると、市場を自由放任主義に委ねてしまうと、いずれ独占や寡占《かせん》が起こってしまうそうです。

そういった私的な経済権力が市場を支配するようになると、経済の競争的基盤が失われ、自由主義経済の秩序が崩壊してしまう……そこで政府が、市場における競争の秩序を守るため、市場に介入します。具体的な政策は、均衡財政主義、物価安定、自由主義経済という三つの要素を反映しています。

確かに、政府が財政的に安定し、物価が一定であるという条件の下で企業が自由に競争すれば、市場機能によって淘汰が起こり、経済権力の独占を回避することができそうです。ところが実際には、そんなことは起こりませんでした。そして問題は、むしろその手段である均衡財政主義と物価安定が、すぐに度を越した原理主義に陥ってしまうことです。

「オルド自由主義」における均衡財政主義では、まるで日本の財務省のように、失業が増えようが国民が困窮しようがお構いなしに、政府のバランスシートを安定させることを目指します。失業が仮に増えたとしても、それは雇用のミスマッチだと片付けられてしまいます。財政均衡しているのが自然な状態で、失業は均衡の結果だと考えるからです。

また物価の安定とは、文字通り物価上昇率の数値が安定することを意味します。よって、その水準は限りなくゼロであることが望ましいと考えられています。もちろん物価指数と実際の物価には誤差があります。物価指数は実際の物価より高めに出るため、物価上昇率ゼロというのは、すなわちデフレの容認に他なりません。

二〇〇八年にリーマンショックが発生してから、本家のドイツが中心となって、この考え方に基づく金融機関の「救済」がなされました。しかし、その救済は極めて中途半端でした。

欧州中央銀行（ECB）はもっとお金を刷っても良かったし、各国政府も、それと協調して大胆な財政政策を行うべきでした。ところが欧州のエリートたちの根底にある「オルド自由主義」が、それを許しませんでした。端《はた》から見れば、金融機関の救済が終わった途端に手のひらを返し、緊縮政策に走ったようにしか見えなかったのです。

一九二三年に死に絶えたインフレ

欧州における債務危機問題の本質は、ユーロという共通通貨です。ユーロ導入以前は、いわゆるPIIGS諸国（ポルトガル、アイルランド、イタリア、ギリシャ、スペイン）といわれる「高金利国」の国債には、大きな為替変動リスクがありました。ところが共通通貨ユーロへの加盟によって、そのリスクがゼロになった……ように見えたのです。

その結果、欧州統合の熱狂のなか、欧州の銀行は、PIIGS諸国の国債を大量に買い入れました。高金利で為替の暴落がない最高の商品に見えたからです。

しかし、この資金はPIIGS諸国にとっては「低金利資金の洪水」でした。PIIGS諸国の人々は、それまでより金利が低いのをいいことに、ローンを組んで主にドイツなどから大量の商品を購入しました。そして同時に、不動産バブルも発生しました。

ドイツは、まさにこの空前の好況のなか、自国の工業製品を売りまくって、ぼろ儲けしたのです。

ところが、ユーロの熱狂は長くは続きませんでした。サブプライムローンが弾《はじ》けてリーマンショックが発生すると、欧州の銀行も巨額の損失を被《かぶ》ることになりました。何もしなければ欧州の金融システムはメルトダウンしてしまいます……そこでECBは、銀行救済のため、大胆な金融緩和に踏み切りました。

しかし、問題はその後です。経済学者のマーク・ブライスは『緊縮策という病』という著書のなかで、この点について皮肉たっぷりに批判しています。文中に出てくる架空の国の首相が発表したステートメントを引用します。

〈有権者のみなさまへ

ユーロ圏周辺国Xの首相より

（中略）問題はユーロを採用するために、経済ショックに対する緩衝装置である自国の貨幣印刷機と独立的な為替相場を放棄したことにあります。一方、システムを安定化する役割が期待されている欧州中央銀行（ＥＣＢ）という機関は、まやかしの中央銀行であることが判明しました。いわゆる「最後の貸し手機能」は発動しません。それは実際の経済状況がどうであろうと、一九二三年に死に絶えたインフレと戦うために存在しています。（中略）したがって、システム安定化のために残された唯一の政策は、みんながドイツよりもデフレにすることです。それは恵まれた時期でさえ本当にむずかしいことです。ひどいことですが、それしかありません。みなさんの失業が銀行を救済するでしょう、そして、その過程で銀行を、したがってユーロを救済できない国を救済することになります。私たち欧州の政治階級はみなさんの犠牲に感謝申し上げます〉（『緊縮策という病「危険な思想」の歴史』マーク・ブライス著　若田部昌澄 監訳／田村勝省 訳　ＮＴＴ出版）

鳩山政権がアベノミクスを採れば

程度の差こそあれ、アメリカや日本の政策当局者が毒されている考え方も、欧州と五十歩百歩です。特に日本の場合は、いまだにヨーロッパかぶれの鼻持ちならないエリートが「オルド自由主義」的な原理主義を実践しています。財務省やマスコミ、一部の政治家が、ことあるごとに消費税を増税すべきだと発言するのが、まさにそれです。

彼らの政策は緊縮で一貫しているように見えて、実際には強弱があります。なぜなら、一般的に緊縮政策はウケが悪く、特に政治家は支持率の低下を前に妥協せざるを得ないからです。

国民から圧倒的な支持を得て大統領選挙と議会選挙を制したフランスのエマニュエル・マクロン政権ですら、緊縮政策によって、数ヵ月で支持率を大幅にダウンさせました。

〈マクロン氏、支持率急落　四割下回る　仏大統領就任から三ヵ月　内政改革、反発招く

支持率低下の主因は歳出削減だ。マクロン政権は七月、一七年の財政赤字をユーロ圏の財政ルールにある「三％以内」に抑えるため、歳出を約四五億ユーロ（約五八〇〇億円）削ると表明。各省庁に削減の費目を示すよう求めた。〇八年以来、守られていない三％ルールの順守がユーロ圏内でのフランスの信認につながると政権はみているためだ。

（中略）仏世帯の約二割が受け取る月額数十から数百ユーロの住居費補助では、一〇月から補助を月五ユーロ減らす措置が低所得者や学生の間での不満を引き起こした〉

（「日本経済新聞」二〇一七年八月一四日付）

大統領選挙前からマクロン氏の経済政策はよく分かりませんでした。しかし、実際に政権の座に就いてみると、結局それは、ゆるやかな緊縮政策でした。予算の削減は至るところで国民の反発を招いています。国防費も削減するそうで、軍からも不評だそうです。

既存政党を打破して新しい政権を作ったマクロン氏は、経済政策においては、フリーハンドを持っていました。これまでの緊縮策とは決別し、一気に緩和的な政策に舵《かじ》を切れば、マクロン政権は長期政権になったかもしれません。ところが、マクロン氏はそのチャンスを生かせませんでした。まるで、二〇〇九年に劇的な政権交代によって政権を奪取した日本の民主党政権のようです。

あの「ルーピー鳩山《はとやま》（由紀夫《ゆきお》）」ですら、もしあの時点でアベノミクスと同じリフレ政策を採用していたら長期政権になった可能性がありました。実際にあのとき、民主党政権にそれを働きかけた人々がいます。いわゆるリフレ派といわれる経済学者やエコノミストたちです。

日本から一〇年遅れたフランス

何を隠そう、私はデフレ脱却国民会議の事務局長として、その運動に携わっていました。三年半、それこそ一貫して彼らにリフレ政策を採用するように進言し続けたのですが、執行部は聞く耳を持たなかったのです。

このままではマクロン氏が「ルーピー鳩山」の二の舞となるのは確実のようです。フランスは日本から一〇年も遅れているような気がします。

現在のように、政府のなかにいるエリートたちが「オルド自由主義」的な緊縮を好む限り、緊縮政策そのものによって経済を不安定化させるか、支持率を見ながら緊縮と消極的な緩和のあいだを行ったり来たりするか、いずれかということになります。すると企業経営者は、政府の方針を「本音は緊縮、人気取りで緩和」だと見抜いて、将来的な景気の悪化を織り込みます。

そのような予想が正しいとするなら、内部留保をして現金を貯め込むことは、不況に備えて企業の財務体質を「強化」することと評価されてしまうのです。

元はといえば、政府のなかにいる人が変な考えに染まっていることに原因があるのですが、ユーロ圏周辺国Xの首相からの手紙にもあったとおり、経済失政のツケを払うのは、いつも一般庶民です。日本だけがイマイチな仕組みなのかと思ったら、実は欧米でも大して事態は変わりませんでした。

こうして世界中の企業経営者が「赤信号、みんなで渡れば怖くない」的に、内部留保を積み上げているのです。

Q 4 日本企業の内部留保は、このまま積み上がり続けるしかないのでしょうか？

A 4 いいえ、やり方次第では半減し、景気も良くなります。

日本ダメ論を信じて内部留保を

本書で何度も述べてきたとおり、企業が利益を株主や従業員に還元せず、社内に留保する理由は、将来への不安です。

企業の経営には様々なトラブルが付き物です。しかも、そのトラブルは突如として襲ってきます。危機管理の観点で考えれば、経営者は常にトラブルの可能性を予見し万全の備えをしておく必要があります。

もちろん、経営者は予言者ではありませんので、未来を完璧に見通すことはできません。そこで、株主や従業員に分配して使ってしまうよりは、企業の内部に留保して、予期せぬトラブルに備えるほうがいいと考えます。なぜなら、企業のトラブルはたいてい、お金で解決できるものだからです。

もちろん、内部留保を現金や預金で積み上げている企業は希《まれ》ですが、たとえば先行して設備投資をしておけば、比較的新しい設備で生産活動ができるため、ライバル企業よりは有利になります。現金や預金の形でお金を貯め込まなくても、このような余裕があれば、トラブルへの対応能力は格段に上がります。

しかし、企業がトラブルに備えるといっても、一体どの程度までやれば合格なのでしょうか？　たとえば、隕石の落下によって地球に氷河期が訪れることや、核戦争によって人類が滅亡するといったレベルまで企業が備えることは不可能です。

では、政府と日銀が政策を間違えてデフレが放置され、日本が長期停滞に陥ることまで想定すべきでしょうか？　たいへん残念なことに、現在でも多くの経営者が、それを想定しています。

なぜなら、彼らの魂はデフレのトラウマに囚《とら》われたままだからです。彼らの認識はおそらく、アベノミクスによる景気の浮揚は一時的なものであって、むしろデフレという「定常状態」に世の中が再び戻るというものです。

それを別の言い方をすれば、「少子高齢化が進んで、もう日本はこれ以上、経済成長できない」という緊縮史観、あるいは日本ダメ論でもあります。これは経済学的には完全に間違った考え方ですが、少なくとも日本の経営者が主観的にそういう不安（妄想？）を抱き、将来発生するトラブルを想定していることは間違いありません。

そして、この日本ダメ論を信じる経営者にとって、内部留保を積み上げることは、リスク管理として当然の判断となります。

デフレ懸念で銀行は融資せず

その不安にまったく根拠がないかというと、そうでもありません。なぜなら、安倍総理の後継と目される自民党の政治家は緊縮派だらけ……本来なら彼らに対抗すべき野党のリーダーも、それに輪をかけた緊縮派です（ただし、日本維新の会は例外、共産党は論外）。

加えて大新聞を始めとしたマスコミは、まったく根拠のない日本の財政危機を煽《あお》りまくって、緊縮財政の必要性をプロパガンダし続けています。もちろん、それを背後で操るのは財務省に巣くう増税原理主義者たちです。

そして、本来、企業の将来への不安を取り除く活動をすべき経団連も、大新聞と財務省の顔色を窺《うかが》って、こともあろうに緊縮政策を提言しています。

このような状態では、経営者に将来に不安を感じるなというほうが、無理なのかもしれません。とはいえ、ありもしない財政破綻《はたん》を恐れて緊縮政策を実施すれば、財政破綻を避けるどころか、かえって財政状態が悪化します。
端的にいえば、消費税を増税することで消費が落ち込み、経済状態はよりデフレ的な色彩が濃くなり、景気が悪くなって税収が悪化する……一九九七年と二〇一四年に起こったことが再び起こるだけです。

もし、このような状態に陥ったとき、企業の資金調達にどんな影響があるでしょうか？
企業が必要とする資金は、市場で株式や社債などを通じて直接的に調達するか、銀行融資などにより間接的に調達するか、内部留保した資金を使って自前で用意するか、この三つの方法のうちいずれかで調達されます。

日本企業が持つ「将来への不安」を資金面から言い換えれば、「将来資金が枯渇する不安」ということであり、特に市場調達と銀行融資がダメになるということです。
たとえば、デフレが再来するという期待が盛り上がれば当然、株式市場は暴落し、新株発行による資金調達は苦しくなります。また、景気が悪いときには返済見通しも暗くなるため、銀行も融資に消極的になります。結果、消去法で内部留保しか残りません。

もちろん、不況期に企業は儲かりませんから、再投資の資金も枯渇します。ならば、企業経営者が「不況に陥る前に、なるべく余裕のあるうちに、内部留保を積み上げたい」という判断をしても、ある意味、当然のことのように思えます。

社債発行額が減少し続ける背景

これに対して、「株式と債券の価格には通常、逆相関関係があるので、株式市場の暴落は債券価格の上昇につながる」という反論があるかもしれません。債券価格が上昇するということは、金利が低下することを意味します。株価が暴落しても逆に債券価格が上昇するなら、金利が低下して企業の資金調達に有利になるのではないか？　と考える人がいても不思議ではありません。

この点について検証します。論より証拠。実際の債券利回りの動きと社債の発行額の推移を見てみましょう。次のグラフ（図表12参照）は企業が発行する社債（普通社債）の金額と、金利の代表的な基準である一〇年物国債利回りの推移を表したグラフです。

これを見れば分かるとおり、ここ二〇年で金利は劇的に下がっています。ところが、社債の発行額は増えるどころか、未だに二〇年近く前の水準を下回っていることが分かります。

一九九八年の一〇年物国債利回りは一・五％でしたが、二〇一六年にはこれがほぼゼロになりました。ところが、社債の発行額は一九九八年が約一二兆円であるのに対し、二〇一六年は約一〇兆円です。劇的に金利は下がりましたが、社債による企業の資金調達は増えるどころか、逆に減っています。なぜこんなことが起こるのでしょうか？

図表12　普通社債発行額と国債利回り推移

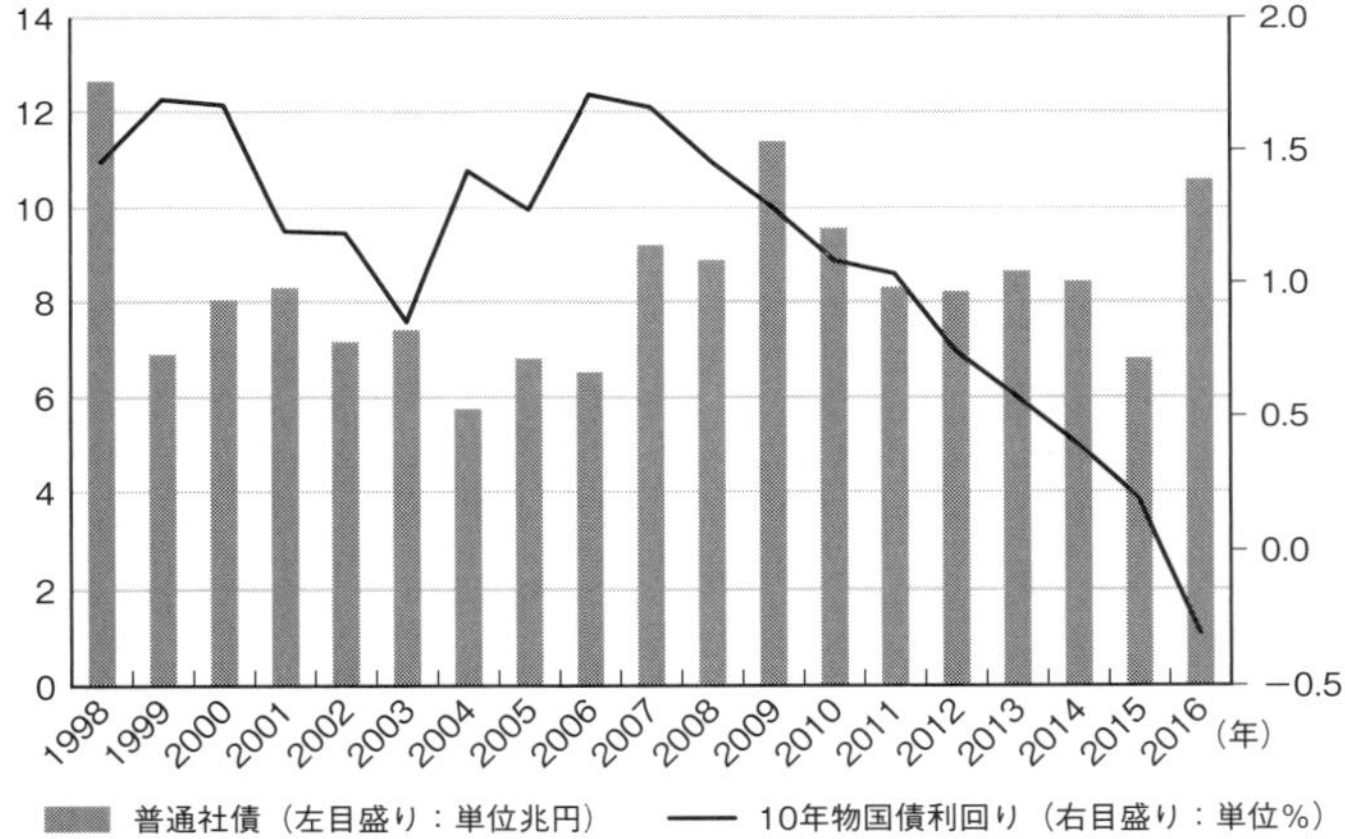

データ出所：日本証券業協会

これは考えてみれば当たり前のことです。株価が暴落するような状況では、景気の先行きが不透明であるため、企業は積極的な設備投資を手控えます。設備投資を手控えれば、資金は必要ありません。

結果、いくら金利が安くても、市場の資金には手を出しません。それこそ内部留保で必要な資金が賄《まかな》えてしまうからです。

このグラフからも、一九九七年の消費税増税、二〇〇〇年の日銀による逆噴射ゼロ金利解除といった、株価を暴落させるショックが起こると社債の発行額までそれに合わせて減少していることが見て取れます。

二〇〇八年のリーマンショックの翌年、社債発行額は急増しましたが、その後二年間は減少に転じています。二〇一四年の消費税増税の後にも社債発行額は減少しました。やはり、景気が悪くなると資金需要がなくなるというのは事実のようです。

黒田総裁と白川総裁の大違い

ちなみに、元日銀総裁の白川方明《しらかわまさあき》氏に代表される日銀の緊縮派の理屈では、「市場の資金需要に合わせて受動的に資金を供給・吸収するのが中央銀行の仕事」ということになっています。仮に、この理屈通り不況期の資金需要が低下したときに日銀が市場への資金供給を減らしたらどうなるでしょう？　タダでさえ資金需要がないところに、中央銀行が金融引き締めに走るわけですから、ますます世の中ではお金が枯渇します。

――お金の枯渇はイコール、デフレの悪化です。

経済がデフレ状態に落ち込んでいるときは、むしろ日銀が大量の資金を供給し、将来的にお金の価値が下がるという期待を形成しなければなりません。年間八〇兆円の資金を市場にばらまいた、日銀総裁の黒田東彦《くろだはるひこ》氏による「黒田バズーカ」がデフレの進行を止めたのは、まさにこのようなメカニズムによるものです。

翻《ひるがえ》って、もう一つの資金調達の手段である銀行融資についても考えてみましょう。株価が暴落するような状況では、将来的な事業のリターンが不透明になるため、銀行も融資に消極的にならざるを得ません。いや、むしろ銀行は不良債権の増加を恐れて、資金の回収に走ります。これはまさに、資金需要が低下したときに資金の供給を絞ってデフレを悪化させる行為です。

たいへん残念なことに、これこそ実際に一九九〇年代初頭のバブル崩壊の過程で起こったことです。その原因を作ったのは日銀の引き締め気味の金融政策ですが、現場で手足となって悪事を働いたのは、銀行でした。

融資を受ける企業側にも、このトラウマが深く刻まれています。特にバブル崩壊を生き残った現在の大企業は、なおさらです。そのためいま、将来的な銀行の貸し剥《は》がしも予想して、最初から融資による資金調達を受けようとはしないのです。

そして銀行も銀行で、かつて不良債権問題で金融庁からギリギリ絞られたことがトラウマになっています。貸し剥がしせざるを得ない状況に陥ることを極度に恐れ、最初からリスクを取ろうとしません。監督官庁の金融庁がリスクを取るようにいくら尻を叩いても、その反応は鈍いといわれています。

アベノミクスで融資は伸びたが

もちろん、二〇一二年末にアベノミクスが始まってから、銀行融資が一定程度は伸びまし

図表13　銀行融資の前年同月比増減率

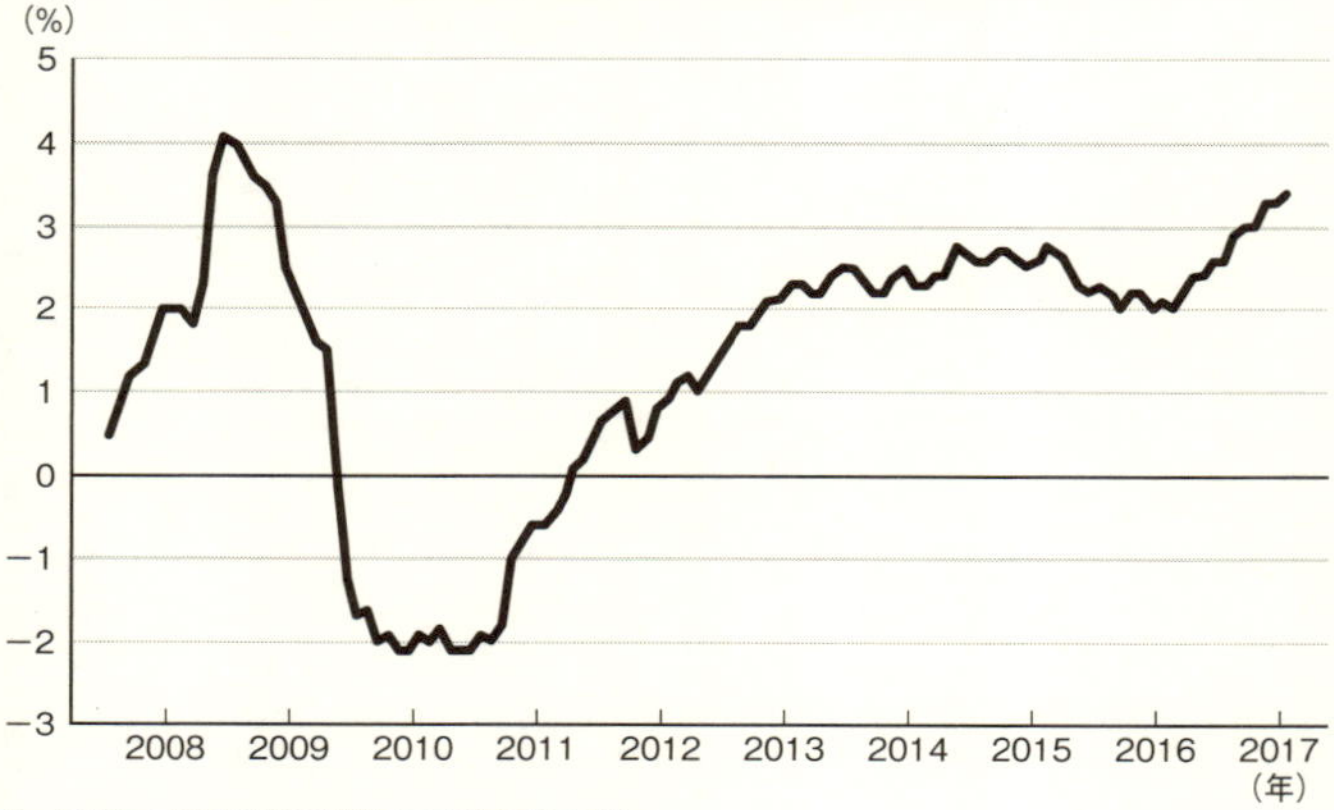

データ出所：「日本経済新聞」2017年8月8日付

た（図表13参照）。横ばいか減少気味だった民主党政権時代より、ずっとマシであることは間違いありません。しかし、問題はその中身です。

これまで融資を牽引してきたのは、いわゆる「アパマン」ローンでした。「日本経済新聞」が次のように報じています。

〈日銀が八日発表した七月の貸出・預金動向（速報）によると、融資残高は四四九兆円となり、前年同月比で三・四％増えた。伸び率は二〇〇九年四月以来、約八年ぶりの大きさだった。

（中略）融資の内訳では、不動産向けの伸びが目立つ。特に相続税対策を中心としたアパートローンの融資は、都心部と地方を問わず

高水準だ。大手銀では、大型のM&Aの際に必要な手当てとしての融資も伸びている〉
(「日本経済新聞」二〇一七年八月八日付)

アパマンローンとは、要するに小金持ちが節税目的で建てるアパートへの融資です。これは土地を担保に取ってお金を貸すということであり、言い方を替えれば、財産を持っている人に現金を貸しに行くという、取りっぱぐれのないオイシイ商売です。

本来、銀行は事業の将来性を「審査」してリスクを取ることが業務です。ところが、アパマンローンは単なる土地担保ローンであって、リスクは小さい。このタイプのローンがいくら拡大したところで、日本の産業の強化につながることはありません。

実際、すでに日本各地に大量のアパートが供給され、賃貸物件が余り、建築した小金持ちが家賃を回収できず、返済に行き詰まるといった事態が頻発しています。

日本企業が内部留保に拘る理由

このように、アベノミクスで景気が良くなったにもかかわらず、銀行は腰が引けて、まったくリスクを取れない。まして、多くの企業経営者が予想するような将来の不安が顕在化した場合、アテにならないことは目に見えています。

銀行員は、晴れているときに傘を貸しに来るような人たちです。バブルの絶頂期には、「お金を借りられるのは、その人が信用されているからだ」とばかりに融資を煽《あお》り、バブルが崩壊したら有無《うむ》をいわさず貸し剝がし……まったく主体性のない連中です。バブル崩壊とリーマンショックのトラウマが刻み込まれている日本の経営者が、彼らを信用することはないでしょう。

市場もアテにならないし、銀行が信用できないとなれば、結局、企業自らが資金調達する手段を保持することしか選択肢がありません。利益を獲得して内部に貯め込むことが、論理的帰結となります。

ネット上のQ＆Aサイトなどで、「なぜ内部留保が必要なのですか？」という問いに対し、「会社に万一のことがあっても、誰の手も借りずに事業を立て直すことができるからです」という答えが多いのは、まさにそのためです。

また、企業間取引の慣行から見ても、経営者が内部留保を貯め込むインセンティブがあります。多くの日本企業は長期取引を前提として行動しているため、いわゆる「掛取引」が常態化しています。勘定《かんじょう》科目でいうと、売掛金や買掛金など、お互いの信用を前提とした取引で、手形取引などもこれに分類されます。

「掛取引」とは、具体的には、商品を仕入れたあとに一定の期間を置いて代金を精算するというもの。商品の納入から代金の振り込みまでのタイムラグが、一ヵ月から数ヵ月に及ぶこともあります。このタイムラグは、実質的に取引相手にお金を貸しているのと同じ状態。このとき、相手企業の支払い能力、つまり信用が非常に大きな意味を持ちます。

企業の信頼性とは、財務の健全性とほぼイコールです。そして、財務の信頼性を最も手っ取り早くアピールする方法は、多額の純資産を持つことです。つまり、利益を株主や従業員に分配せず、内部に積み上げておくことが、その企業のバランスシートの健全性を高めることにつながるわけです。

内部留保が多い企業は、取引先から見れば取りっぱぐれなく確実に代金を支払ってくれる企業に見えます。逆に内部留保の少ない企業は、代金の支払いに不安を感じさせます。

内部留保が少ない企業は、大きな経済的なショックに見舞われたとき、アテにしていた売り上げが上がらず、どこかからお金を借りてこないと代金を支払えなくなってしまいます。もしお金を借りられなければ、代金の支払いに窮することになります。

すると取引先としては、経済環境の変化の影響を受けやすい企業より、受けにくい企業のほうが代金の回収は確実です。そうなると、やはり返済不要な資金を内部留保で貯め込んでいる企業の信用が高くなってしまうのです。

銀行も、「内部留保が潤沢《じゅんたく》にある企業は倒産リスクが低い」と判定する。結果として銀行からの信頼も厚くなり、そうでない企業よりも融資の条件が有利になるのです。

株価暴落を経営者が恐れるゆえに

また、株価の面でも内部留保にはメリットがあります。たとえば、株式市場が暴落するような局面でも、一株当たりの純資産を下回る株価を付けることは希です。

純資産一億円の企業の発行済み株式が一万株あったとすると、一株当たりの純資産は一万円です。この企業にとって株価が一万円を割り込むということはどういうことでしょう？

たとえばリーマンショックのような大暴落が起こって、たまたま株価が九〇〇〇円になったとしましょう。この場合、この会社の株式を一株九〇〇〇円で買うと、一万円の純資産が手に入ることになります。

「一万円を九〇〇〇円で買える」となれば、多くの人がこの株に殺到します。たくさんの人が株を買うと株価は上がり、最低でも一株当たりの純資産と同じぐらいの株価に収斂《しゅうれん》します。

大企業の経営者は株価が暴落すると株主総会で批判されるため、なるべく株価が下がらないように努めます。将来のデフレの再発と、それに伴う不況を予想している経営者にとって、一株当たりの純資産を増やすことは、最も確実な株価維持策なのです。すなわち内部留保を貯め込むことは、不況期の株価暴落の責任逃れにも使えるわけです。

このように内部留保を貯め込むことは、企業経営者に二重三重のメリットをもたらします。ただし、それはあくまでも「デフレが再来し、それに伴って不況が来る」という彼らの将来予想を前提としたメリットであるという点には注意が必要です。

しかし、この前提が崩れない限り、内部留保の蓄積は、企業活動の継続を確実にする重要な源泉となってしまうのです。

デフレの経験が倒産を招いた会社

では、どうすれば内部留保を減らせるのか？　答えは簡単です。その前提を崩すこと、つまり「デフレが再来せず、不況も来ない」ということを実現させることです。そのために必要なのは適切なマクロ経済政策。簡単にいえば、アベノミクスを最低でもあと一〇年は続けるということです。

できれば、現在よりももっとアクセルを踏み込んだ「アベノミクス2・0」が望ましい……具体的には、インフレ目標の引き上げや、日銀の外国債券（外債）オペレーション解禁、教育国債発行などによる大規模財政政策などです。

現状維持でなく、むしろアクセルを踏み込み続ける政策――これなら頑固な経営者のデフレマインドも転換せざるを得ないでしょう。

アメリカの経済学者であるウルリケ・マルメンディアとステファン・ネーゲルによる「不況ベイビー：マクロ経済の経験はリスク行動に影響するか？」という実証研究によれば、若いときにデフレの洗礼を受けた世代は、その後ずっとリスク回避的な行動をとり続けるそうです。まさに「三つ子の魂百まで」で、こういう人たちを説得するのは不可能です。

ただ、そうした頑固なデフレ派も、さすがに二〇年も経てば経営の一線から退きます。彼らの考え方を変えるのは困難だとしても、天動説を信じる人が死に絶えたことで地動説が普及する、みたいなやり方で、世の中が変わることはあり得るでしょう。もちろん二〇年も待たずに、商売上の理由から、彼らが考えを変えざるを得なくなるかもしれません。

かつてアメリカの百貨店業界で二位の規模を誇ったモンゴメリーワードは、第二次世界大戦後、メーシーズやブルーミングデールズなどの後発組に抜かれ、倒産しました。モンゴメリーワードの社長は世界大恐慌（デフレ不況）のトラウマから抜け出せず、戦争が終わったにもかかわらず、現金を貯め込んで再投資しませんでした。その結果、借金してでも良い立地を獲得した後発組に抜かれて業績が悪化、最後は倒産してしまったのです。

デフレの再来を信じ込んでいる経営者が倒産して丸裸になるのを見れば、同じ考えの経営者も目が覚めるでしょう。デフレのトラウマを克服するには、これぐらいのショック療法をやらないとダメです。

政府と日銀に頼り切る銀行経営者

ただ、日本企業の場合、内部留保は現金や預金で存在しているケースは希《まれ》で、そのほとんどが再投資されています。よって内部留保を取り崩すことは、将来の企業活動の縮小を意味し、ある種の「タコ足配当」になってしまいます。

すでに積み上げた内部留保を取り崩すのではなく、将来的にそれを積み上げてもあまり意味がない状況にすることが必要なのです。

しかし、そのためには銀行がいまのままではダメです。将来トラブルが発生したときに一番アテにならないのが銀行であるからこそ、経営者は内部留保を積み上げて、自分に頼るしかないわけです。もし困ったときに、いくらでも銀行から資金調達できるのであれば、話はぜんぜん違います。

現在の銀行に、そんな「侠気《おとこぎ》」を期待することはできるでしょうか？　私は絶対に無理だと思います。なぜなら、そもそも銀行に就職しようとする人はリスク回避的であり、リスクが伴う内部からの改革など期待できないからです。

それに、銀行の歴史がモラルハザードそのものであり、彼らはまったく反省していませんから。

銀行は自らの責任において案件を審査し、お金を貸しているはずですが、バブル期のような不動産融資競争になると、審査能力が低下します。他行が貸し出しを増やして利益を出しているのに、自行だけがチャンスを棒に振ることはできません。実際に、バブル期には横並び意識丸出しで不動産融資に突っ込み、バブル崩壊で大火傷《やけど》を負いました。問題はその後です。

銀行が潰れると、預金者のみならず、その預金者と取引のある人たちにまで大きな影響があります。ある会社が仕入れ代金の支払いをしようとしたところ、銀行が潰れて預けていたお金がぶっ飛んでしまうと、支払いができなくなるからです。

すると取引先は、商品代金を受け取れず、経営が悪化します。取引先が銀行融資を受けているとすると、返済ができなくなる恐れもあります。まさに不良債権化です。

このように銀行が倒産すると、その影響がもともと健全だった企業にまで及び、経済全体に悪影響が出てしまう。この状況を回避するためには、潰れそうな銀行を救済する必要があります。

そこで、政府と日銀の登場です。銀行に公的資金を注入し、銀行の財務状態を改善。そのことで、日々の決済業務に穴が空かないようにするわけです。

しかし、よく考えてみると、銀行経営者は自らの判断で誤った案件に融資し、結果的に銀行の経営を傾けたのに、結局、政府と日銀に全部尻拭《しりぬぐ》いさせているのです。経営責任は一体どこへ行ったのでしょう。政府と日銀の負担というのは、最終的に国民が負担しているのと同じです。

もちろん、金融システムの大混乱のデメリットに比べれば、公的資金なんて安いものかもしれません。とはいえ、みなさん、これで納得できますか？　銀行がデカ過ぎて潰せないからといって、いつも政府と日銀が尻拭いするなら、銀行経営は構造的な無責任経営に陥ってしまいます。

アメリカの場合は、「経営者が何人か刑務所に行かないと公的資金が注入されない」といわれていました。ところがリーマンショックの際には、刑務所に行くどころか、数百億円の退職金を受け取ってお咎《とが》めナシでした。日本の不良債権問題も、これと似たようなものです。

危機が起こり、いったん公的資金が注入されると、銀行経営者はリスクに対して極めて消極的になります。いまの日本の銀行は、まさにこの状態です。結果として、企業経営者はまったく銀行を信用できません。

果たして、こんな銀行は日本に必要でしょうか？

海外では積極融資するメガバンク

しかも、非常に腹立たしいことに、日本の銀行は国内ではリスクに腰が引けているのに、海外では結構、伸び伸びやっています。「日本経済新聞」の報道によれば、邦銀は海外のプロジェクトに積極的に融資をしており、海外の銀行を凌駕《りょうが》しています。二〇一七年二月、バブル時代を彷彿《ほうふつ》とさせるこんなニュースがありました。

〈邦銀の事業融資、「敵失」で浮上　昨年、世界トップ3独占　マイナス金利下の活路に外銀は資源安で減

三メガバンクが二〇一六年の大型事業向け融資（プロジェクトファイナンス）で世界のトップ3《スリー》を独占した。一六年は原油相場が乱高下し、資源開発などでリスクを取りづらい局面。なぜ邦銀が躍進できたのか。

「様変わりだな」。ベテラン銀行員が手にしていたのは、金融機関が主幹事を担う「ブックランナー」として事業融資に関わった金額を示すランキング表。トムソン・ロイターによると、一六年の首位は三菱ＵＦＪフィナンシャル・グループの約一〇三億ドル（約一兆一五〇〇億円）。二位、三位には三井住友、みずほの両フィナンシャルグループが続いた〉

図表14　2016年に世界の事業融資で上位を独占した3メガバンク

順位		億ドル
1 （2） ⇧	三菱UFJFG	102.9
2 （4） ⇧	三井住友FG	73.9
3 （5） ⇧	みずほFG	66.3
4 （3） ⬇	インドステイト銀行（インド）	49.7
5 （9） ⇧	クレディ・アグリコル（フランス）	41.1
6 （21） ⇧	中国工商銀行（中国）	35.9
7 （7） ➡	ING（オランダ）	35.1
8 （13） ⇧	ソシエテ・ジェネラル（フランス）	32.5
9 （12） ⇧	ナティクシス（フランス）	25.2
10 （23） ⇧	北ドイツ州立銀行（ドイツ）	24.5
（注）順位のカッコ内は2015年		

データ出所：「日本経済新聞」2017年2月27日付

（「日本経済新聞」二〇一七年二月二七日付）

なぜ、これを日本国内でやらないのでしょうか？「日本経済新聞」によれば、日本国内は低金利で儲けが出ないため、海外に活路を見出《みいだ》したとのことです。相変わらずピンボケです。

日本の銀行が国内でリスク回避的なのは、政府が緊縮政策を完全に放棄していないからです。いつデフレに戻るか分からない不安な状態でリスクを取るのは、合理的ではありません。銀行を変えたいなら、やはり徹底した金融緩和と拡張財政により、将来的なインフレ目標の達成が見込める状況を作るしかありません。

そうすれば、日本国内における銀行の態

度も、必ず変わります。現に海外ではやっているわけですから。そのときには日本の景気はもっとずっと良くなって、経営者も安心してリスクを取れるようになるでしょう。

そして、内部留保に対する考え方も大きく変わるに違いありません。

第二章　経団連と大企業の大罪

Q5 なぜいまの日本には、かつてのソニーや松下やホンダのような新興企業が生まれないのですか？

A5 既得権を持った大企業が、将来のライバルを潰そうと、様々な妨害をしているからです。

東芝が捨てた天才研究者の技術

目の前に転がっている大きなチャンスにまったく気づかず、周りの意見に流されて無駄な努力をする。将来市場を席巻《せっけん》するかもしれない虎の子の技術なのに、その価値を見抜けず二《に》束三文《そくさんもん》で売り渡す。日本の政府や大企業の目は、基本的に、節穴《ふしあな》です。実質的に経営破綻した東芝は、まさにそれを象徴する会社でした。

まずは二〇〇二年に雑誌「フォーブス」が取材した記事をお読みください。

〈シリコンバレーのコンピュータ歴史博物館でも日本発の技術として初めて殿堂入りした、世界的ヒーローの成した偉業は、なぜ、日本であまり知られていないのだろうか。

二〇〇一年、フラッシュメモリの市場規模は、七六〇億ドル（九兆一二〇〇億円）に達した。自動車やコンピュータ、携帯電話など総額三兆ドル（三六〇兆円）以上の商品にフラッシュメモリが組み込まれた。半導体分野に新風を巻き起こした、そのフラッシュメモリの生みの親が、舛岡富士雄《ますおかふじお》である。

フラッシュメモリは、一九八〇年代の半導体分野における最も重要な技術革新だ。その発明者である舛岡は、巨万の富を得ているはずだと思うかもしれない。しかし、現在五九歳（編集部注・二〇〇二年現在）になる舛岡が暮らすのは、その常識が通用しない、日本なのだ。フラッシュメモリを発明した舛岡に対して、雇用主である東芝が支払った報奨金はわずか「数百ドル（数万円）」である。フラッシュメモリ市場は、すぐにライバルであるインテルに奪われた。さらに東芝はその後、舛岡を研究の続けられないポストに左遷《させん》しようと、何度も試みた〉

（「フォーブス」二〇一五年七月号）

現在、世界的に普及しているＮＡＮＤ型といわれるフラッシュメモリを発明したのは東芝の社員だった舛岡氏でした。ところが、記事にあるとおり東芝は、その発明の偉大さにまったく気づかず、舛岡氏を窓際に追いやってしまったのです。一九九四年に東芝を退職した舛岡氏は、その後のインタビューで次のように語っています。

〈フラッシュメモリーの事業化にめどをつけて研究所に戻ることになって昇格しました。でも、管理職ということで研究費も部下もいないポジション。人事異動の一つとはいえ、これはきつかった。だから研究を続けるために、お誘いのあった東北大学に移ったんです。でも給料が二分の一になっちゃった。

結果を出した人を活用せずに、仕事をさせないような人事ローテーションって東芝のサラリーマン体質というものですかね。もともと僕は、自分が信じたことばかりやって、上司の言うことは聞かない質だったので、辞めた時に会社は喜んでいたよ（笑）。これ本当です。研究を続けさせてくれたなら東芝に残りたかった。大学の研究環境は良いとは言えなかったけど、企業からお金をもらえて自分の研究を続けられたのでハッピーです〉

（「ダイヤモンド・オンライン」二〇一七年五月二九日付）

舛岡氏が東芝を去る二年前の一九九二年、東芝は韓国のサムスン電子にこの技術を惜しげもなく供与しています。同インタビューのなかで舛岡氏は、「経営判断なのでとやかくは言えない」としながらも、「サムスンに技術を売らなければ、東芝は先にマーケットを独占できたかもしれない。将来の利益の種を売ってしまって、なんだかもったいない気がします」と述べています。

実際にサムスンはそのあとに巨額投資を重ね、この分野で東芝を追い抜き、世界一のフラッシュメモリメーカーになってしまいました。ちなみに、当時の舛岡氏の部下でフラッシュメモリの研究開発を担った技術者もほとんどが東芝を去り、その多くがサムスンなど外国企業に再就職してしまったそうです。

なぜ東芝は、こんなバカなことをしたのでしょう？　当時、日本のエレクトロニクスメーカーは、総じてパソコンなどに使う「ＤＲＡＭ」という半導体に全力を傾注していました。彼らは横並び意識が強く、目の前の競争に勝つことしか考えません。まさに視野狭窄《きょうさく》に陥っていました。

というか、ずっと視野狭窄のままでいる病気にかかっているといってもいいでしょう。そのため、フラッシュメモリの将来性など、まったく目に入らなかったのです。大企業の経営者は偏差値の高い大学を出たエリートのはずですが、残念ながらそういうエリートが集まると、バカになります。そしてそれが、日本の文化なのです。

この誤った判断は二五年の時を経てブーメランのように東芝に襲いかかりました。東芝は原発事業の失敗で発生した巨額損失の穴埋めのため、フラッシュメモリ事業を「東芝メモリ」として分社化し、株式を売却することになったのです。

東芝には軍需産業を担う部門もあり、技術流出を心配する人もいますが、いまさら何をいっているのでしょうか。そんなものは二五年前に、とっくに起こっていたのです。

「八木アンテナの呪い」とは何か

一九八〇年代の時点で、ＤＲＡＭの次に何が来るか、誰にも分からなかったのは事実です。しかし、だからといって目の前のＤＲＡＭしか見ていなかった東芝の経営陣は、やはりアホです。むしろ、次に何が来るか分からないからこそ、いろんな技術に手を付けておくべきでした。

たとえば、東京で来年に流行するラーメンの味を予想するにはどうすればいいでしょう？

私はいつも講演会で、こういう質問をします。そして聴衆にアンケートをしたうえで、こういいます。

「分かりました。それでは皆さんに私が一〇〇〇万円ずつ出資するので、それぞれが東京で起業して、ラーメン店をやってください。そのなかで一番の売り上げを上げた人が正解です」

未来を予想するのが難しいときは、手持ちのリソースが許す限り、いろいろなものに懸けてみる。そして、何が当たりで何がハズレかは、市場が決める。正解は事後的にしか分からないのです。

あのとき東芝は、何をどうするべきだったのでしょうか？　たとえば、フラッシュメモリを製造する子会社を設立し、東芝本体とは切り離して、いろいろと好き勝手にやらせるという手もありました。東芝のカルチャーと隔絶することで、天才技術者の舛岡氏も、現場で伸び伸び研究を続けられたことでしょう。

資金的にも人材的にも、一九八〇年代の東芝には、それぐらいのことをする余裕はありました。もし、それが金の卵を産む鶏に化ければラッキーですし、仮に失敗したとしても、当時の東芝にとって痛くも痒《かゆ》くもないことだったはずです。

もちろん、失敗すれば損失が出ますが、問題になったウエスチングハウスをめぐる巨額損失に比べれば、ゴミみたいなものです。ところが東芝の経営者には、こんなごくごく小さいリスクを取る根性もなければ、世界の市場を変えてやるという野心もありませんでした。そして、もちろん遊び心も……。

リスクを過剰に恐れ、ひたすら横並びの視野狭窄に陥る――こういう事なかれ主義に陥った学歴エリートがやっていたのは、ただの経営ごっこでした。こんなのは本当の経営ではありません。

東芝のように、エリートが集まってバカになったときに発生する判断ミスのことを、私は「八木アンテナの呪《のろ》い」と呼んでいます。八木アンテナとは、大正の末期に東北帝国大学の八木秀次《やぎひでつぐ》教授と宇田新太郎《うだしんたろう》講師によって発明された、当時としては先進的なアンテナ技術のことです。

この技術は当時、欧米で特許を取得するほどの優れたモノでした。二人の名前を取って八木・宇田アンテナとも呼ばれています。

ところが戦前の日本においては、山形県酒田市と飛島、そして新潟市と佐渡島とのあいだの無線通信にしか使われませんでした。日本では、離島との通信にしか使えない極めてマイナーな技術と認識されていたのです。

これとは反対に欧米においては、八木アンテナは極めて高い評価を得ていました。欧米では、八木アンテナはレーダーや航空機の着陸誘導などに応用できるとして巨額の研究費が投じられ、大々的な改良が施されていきました。特にイギリスとアメリカは、一九四〇年から、軍事目的で共同研究するほどの熱の入れようでした。

対照的に日本の陸海軍は、八木アンテナの存在を知りながら、積極的にそれを採用することはしませんでした。精神論を重んじ技術を軽んじたのか、それとも人的・資金的リソースが絶対的に不足していたのか、真相は不明です。

そうして大東亜戦争が始まり、二ヵ月後にシンガポールが陥落すると、日本陸軍はイギリス軍の残した奇妙な機械を見つけることになります。これこそが八木アンテナの技術をベースに改良を重ねたイギリスの最新式レーダーだったのです。

このときイギリス軍のニューマンというレーダー担当下士官が持っていたノートには、「YAGI array」という文字がたくさん記されていました。

〈旧日本陸軍では、このレーダーが相当優秀なものであることが分かったが、"YAGI array" の言葉はどうしても分からなかった。「ヤジ」と読むのか、それとも「ヤギ」と読むのか、その読み方すら分からなかった。そこで、レーダー手を捕虜収容所から連れ出してきて、YAGIの意味を問うたところ、レーダー手は青い目をパチクリとさせて「YAGIは貴国の人の名前でしょう」といったそうである。これより、このアンテナは「八木アンテナ」と呼ばれるようになったのである。

（中略）また、広島と長崎に投下された原子爆弾には八木アンテナが装着され、爆弾の爆発高度を決定するために用いられていた〉（アンテナ技研HP「アンテナの歴史カフェ」）

大本営と東芝に共通した意識

とても有用な技術で、将来的には大ブレイクする可能性があったのに、当時の陸海軍のエリート軍人たちは、この技術に見向きもしませんでした。彼らは戦争に勝つためにと、「殺人光線」とか「水から石油を作る技術」に熱中していたのです。

ちなみに「殺人光線」の研究は、その後、電子レンジとして実を結びますが、「水から石油を作る技術」は完全なトンデモ似非《えせ》科学でした。やはり新しい技術にはハズレも多いため、いろいろなアイデアに広く薄く投資しておくのが良いのです。

このように、その後の世界のトレンドを変えるような可能性を持った発明を、とても狭い視野でしか判断せず捨ててしまうことを、私は「八木アンテナの呪い」と呼んでいます。皮肉にも、八木アンテナの技術をベースにしたレーダーは、その後、日本軍を徹底的に苦しめました。

なぜあのとき、もっと広い視野で考えられなかったのでしょうか？　日本の大本営には、陸軍大学校や海軍兵学校という、とても偏差値の高い学校を優秀な成績で卒業したエリートがたくさん集まっていたはずです。結局、当時の大本営にいたエリートたちの視野狭窄が、広い意味での軍事技術をイメージできなかったのです。

つまり、直接的に敵兵を殺したり、軍艦や飛行機の燃料になったりしないため、どうもレーダーという技術の優先度が低かったように思われます。東芝のＤＲＡＭにかける異常な横並び意識と似たようなものを感じます。

大企業がデフレを望む明確な理由

さて、前置きがずいぶん長くなりましたけれど、これらは東芝や大本営だけの問題なのでしょうか？　私には、東芝のみならず、日本政府や大企業、世間の隅々まで、リスクを恐れてチャンスを潰す病気にかかっているように見えます。そのなかで孤軍奮闘しているのは、中小企業です。

ところが、その中小企業に逆風を吹かせる政策を、大企業が応援している……こともあろうに、あの経団連が!!

〈財制審の榊原会長「消費税率上げ、絶対に必要だ」

予算編成などを議論する財政制度等審議会（財務相の諮問機関）は七日の総会で会長に経団連の榊原定征会長を選任した。榊原氏は記者会見で二〇一九年一〇月に予定される消費税率の引き上げについて「絶対に必要だ」と述べた。社会保障改革も「国民の痛みは伴うが絶

対実現しなければいけない」と述べた〉（「日本経済新聞」二〇一七年四月八日付）

おなじみの増税提言です。日本はバブル崩壊以降、長年デフレに苦しんできました。その期間は一四年です。バブル崩壊からの長期停滞とするなら、かれこれ二〇年になります。それが、二〇一二年に誕生した第二次安倍政権の政策転換によってやっと一息ついたのに、再び消費税増税という緊縮策で、すべてをぶち壊そうとしているのです。

確かに、大企業にとってデフレは極めて心地いい状態であることは間違いありません。なぜなら、デフレは既得権者に有利、チャレンジャーに不利だから。たとえば資金調達の面で考えてみましょう。デフレになると物価が下がるため、債務の実質的な負担が増加します。それは次のような簡単な引き算によって表されます。

実質金利 ＝ 名目金利 － 物価上昇率

名目金利とは、契約書に書いてある約定金利のことです。もし物価上昇率がマイナスの値になると、マイナスの数を引くときにはプラスになってしまうため、実質金利は上がってしまいます。契約上の金利が二％だという前提で、物価上昇率がプラス二％、〇％、マイナス

図表15　実質金利と名目金利の関係

名目金利		物価上昇率		実質金利
2%	−	2%	＝	0%
2%	−	0%	＝	2%
2%	−	−2%	＝	4%

＊図表は筆者による作成

二％だった場合をそれぞれシミュレートしてみましょう（図表15参照）。

物価が上がれば上がるほど、実質金利が低くなることが分かるでしょうか？　つまり、デフレが進んで物価が下がると借金の多い会社は不利で、借金の少ない会社が有利となります。見た目の金利が低くても、物価上昇率のマイナス分が上乗せされるからです。

すると、新しい事業を興《おこ》す人が借金をして資金を調達しようとしても、負担があまりにも重くて実現しないケースが増えてきます。

もちろん最近は、起業する際に市場から資金を調達したり、クラウドファンディングなどネット上で資金を集めたりするケースもあります。しかし、デフレが進行すればするほど、人々はお金を貯め込んでしまいます。併せて株価の下落も発生するので、クラウドファンディングどころか、市場での資金調達そのものが困難になります。

既存の大企業にとって新興企業が資金調達に苦慮することは、背後を脅かす存在の退潮を意味します。デフレが進行すれば、大企業は競争を回避し、既得権をより強化することができるわけです。だからこそ大企業の経営者は、デフレの真っ只中に変な精神論を述べて人々を混乱させていました。

中小企業を潰す経団連の狙い

経団連は二〇〇七年一〇月一六日に「ものづくり中小企業のイノベーションと現場力の強化」というレポートを発表しています。そのレポートの冒頭には、こう書いてあります。

〈ものづくり中小企業（以下、中小製造業）の活性化なくして、日本の競争力強化はありえない。

高度成長を支えてきた日本の産業、とりわけ製造業の強みは、大企業と中小企業との密接な協力関係であり、中でも多様で競争力をもつ中小企業が数多くあったからこそ、多様な製品やサービスを先進的なレベルで供給できる仕組みを、日本全体として構築できたと言っても過言ではない。

（中略）今回、日本経団連はイノベーションや現場力の強化などに取り組み、成長を続けている中小製造業に対して、ヒアリング調査などを行い、その特徴を抽出《ちゅうしゅつ》し、自立・自助・自己革新に取り組む多くの企業に対して広くご参考に資するために、本報告書を取りまとめた次第である〉

ところが、このレポートのなかに、中小企業を苦しめるデフレの「デ」の字も出てきません。このレポートは、偶然デフレを生き残った中小企業を調査して、報告書にまとめただけの代物《しろもの》です。それはいってみれば、一〇〇人の人がジャンケンをして、最後に勝ち残った五人のグー、チョキ、パーの記録を取ったものと同じです。

中小企業の倒産が増えたのはデフレのせいであり、努力不足ではありません。「成長を続けている中小製造業」の「特徴を抽出」したところで、原因は別のところにありますから、倒産そのものが減るわけはないのです。

結局、大企業というのは、口では中小企業を大事にせねばといいつつ、実際には増税など緊縮政策の提言を続け、将来ライバルになりそうな中小企業を潰そうとしているだけなのではないでしょうか？

未来の技術を予想するのは不可能です。だからこそ、日本にはたくさんのチャレンジが必要です。そのチャレンジのなかには未来の「八木アンテナ」があるかもしれない。ところが、大企業は自らの保身のために、チャレンジの担い手である中小企業の邪魔をします。

そして、意図的かそうでないかは分かりませんが、未来の「八木アンテナ」を再び「呪い」に変えようとしているのです——。

Q6 大企業をリストラされたサラリーマンは、なぜ使えないのでしょうか、本人のせいでしょうか？

A6 いえ、経団連に代表される大企業が既得権を守るための、経営姿勢が原因です。

昭和の経営者とデフレ下の経営者

日本がデフレになる前は、「転職」というと、それだけで「会社にいられなくなった奴」みたいな烙印《らくいん》を押される窮屈な世の中でした。しかし、銀行の不良債権問題がピークに達し、日本がデフレに陥った二〇〇〇年前後になると、状況は一変します。

私が最初に勤めた日本長期信用銀行を辞めたとき、両親はおろか親戚縁者からも、「お前はバカか？」と呆《あき》れられました。ところがそれも、もう昔の話です。いまは、転職なんて二～三回経験していて当たり前。逆に、同じ会社に勤め続ける人が「転職するだけのスキルがないんじゃない？」といわれてしまうような世の中になりました。私が初めて転職した平成初頭には考えられなかったことです。

昭和の経営者は、いくら景気が悪いからといって、リストラしたりしませんでした。従業員は家族であり、会社は家だったからです。

しかし、デフレが深刻化してくると、そんなことをいってはいられません。経営者は雇用を守りたくても守れなくなります。なぜなら、仕事もないのに人を雇い続ければ、会社の業績は悪化し、最悪の場合は倒産してしまうからです。これでは雇用を守るという約束どころの話ではなくなってしまいます。

理由はどうあれ、会社をリストラされる人やリストラ予備軍が増えたことによって、転職のネガティブなイメージは消えました。みんなで渡れば怖くない、ということかもしれませんし、企業側もリストラを進めやすくするために転職のイメージアップに努めたのかもしれません。粉砕不可能な岩盤のように思えた日本人の終身雇用幻想も、デフレの前にあっけなく崩れ去ったということです。

アベノミクスと転職の関係

このように、転職について人々の意識が変わったといえばそれまでですが、意識が変わらざるを得なかった経済的な環境の激変こそ、問題にしなければいけません。

バブル崩壊以前の昭和の頃、経営者は、政府および日銀は必ずインフレを起こしてくれるものと期待していました。

一九七一年にニクソンショックが発生し、日本は一ドル＝三六〇円の固定為替相場制の超円安レートを維持できなくなり、同年一二月にはスミソニアン合意により一ドル＝三〇八円となりました。急速に進んだ円高は、日本の輸出産業に大打撃を与えます。

さらに他の主要国にならい、当時の日本政府は一九七三年から変動相場制に移行しますが、陰で円売りの為替介入をして、相場を操作していました。

当時、不自然にも、一ドル＝二四〇円、あるいは一七〇円で、なぜか為替レートが安定していた時期があったのですが、その理由は大蔵省による「陰の介入」だったのです。

もちろん円安を維持することは、「円」を大量に印刷して売却することです。だから大蔵省の「陰の介入」によって、人々のあいだにはインフレ期待が生まれたのです。

しかし、これは国際的なルールではアウトでした。それでも日本経済を守るため、そして輸出産業を守るためという大義名分のもと、大蔵省は一〇年以上にわたって違法な為替介入を続けたのです。

ところが、さすがにこれだけ派手にやれば、アメリカが怒り出します。一九八五年のプラザ合意において、日本とドイツに対し、為替介入を完全に禁じ手にすることが決まりました。「陰の介入」がなくなると、それまで無理して円安にしていた反動で、激しい円高が発生しました。こうして円高不況が到来したのです。

この不況を何とかするため、一九八六年に日銀は、当時五・〇％だった公定歩合《ぶあい》の引き下げを行い、一九八七年二月には史上最低の二・五％にまで下げました。政府と日銀はインフレ期待に応えたのです。その結果、大量の資金が市場に溢《あふ》れ、その一部が不動産に向かいました。こうして一九八〇年代後半、バブル景気が発生したのです。

ところが、不動産価格の上昇が国民の不興《ふきょう》を買い、日銀はバブルを無理やりつぶすべく方針を転換……一九八九年から始まる日銀の公定歩合引き上げです。この政策転換の結果、日本経済はオーバーキル（景気の引き締め過ぎ）されました。そして、その後も消費税増税やゼロ金利解除など、誤った政策を繰り返し、ドツボに嵌《は》まっていったのです。

このように政府と日銀は、長年続けてきたインフレ容認の経済政策を突如として転換し、デフレ容認にシフトしてしまいました。

この劇的なシフトはインフレ期待を萎《しぼ》ませ、デフレ期待を膨らませました。そして、国の政策が変わったことで企業の収益環境が変わり、デフレに最適化した雇用システムが整備されたのです。すべては政府と日銀の政策転換から始まったことです。経営者は単に現状を追認したに過ぎません。もうこの時点で、古き良き昭和の会社、家としての会社というものは、維持できなくなってしまったのです。

本書で何度も取り上げている政府と日銀の経済政策の大失敗と、アベノミクスによるリカバリーとは、経済政策の大転換を意味します。人々の心は経済環境によって大きく変わります。転職に対するイメージが変わった理由は、元をたどれば政府の政策転換と企業経営者による状況の追認にあるわけです。

大企業出身者だから敬遠される？

さて、転職が当たり前の時代になったことで、労働市場に大きな変化が現れました。大企業を辞める人なんて昭和の昔は考えられませんでしたので、中小企業は「大企業から優秀な人材が流れてきた」と先を争って獲得したのです。これはある種のブームでした。このブームが始まった二〇〇〇年前後なら、大企業から中小企業に転職するのは楽勝でした。

しかし、あれから一五年以上の歳月が流れ、転職市場にも大きな変化があったようです。人材紹介会社クライス&カンパニー代表取締役社長の丸山貴宏《まるやまたかひろ》氏は、「ダイヤモンド・オンライン」に寄稿した論説で、次のように述べています。

〈以前、有名な大企業に勤める人が転職市場に出てくると、希少性も手伝って大いに人気を集める時代がありました。しかし最近は状況がまったく変わっています。大企業出身者であるがゆえに敬遠される傾向があるのです。

たとえば先日、誰もが知っている大企業に勤める三〇代後半の転職希望者をある中小企業の経営者に推薦したところ、ストレートにこう言われました。

「大丈夫、この人？」

（「ダイヤモンド・オンライン」二〇一五年一月二六日付）

かつて日本では、大企業に勤める人はとても優秀な人材で何でもできると思われていました。ところが現在は、彼らの実力が中小企業の経営者に知られてしまいました。大企業からの人材が転職市場に溢れるようになり、実際に彼らを採用して試してみた中小企業の経営者が増えたからです。

実際に大企業出身者を使ってみると、前評判ほど優秀ではないし、たいして仕事もできない。中小企業の経営者は、身銭を切って、そのことを痛感したのです。前掲記事で、丸山氏のクライアントがいった「大丈夫、この人？」という台詞《せりふ》は、まさにその経験に裏打ちされた意味深な発言だと思います。

一般的に、大企業においては分業体制が確立されていて、個人の分担する役割は狭い範囲に限られています。そのため大企業の社員は、決められた範囲の業務をきっちりこなすことさえできれば合格点をもらえます。分業がキッチリしているため、他部署の業務に口出ししないことは、「協調性がある」と評価されます。そのほうが業務の棲み分けを守れるし、全体の仕組みがうまく行くからです。

ところが中小企業では、そんなことをいっている余裕はありません。中小企業に勤めた経験からいわせてもらえば、「気がついた人がその業務を担当する」というのが一般的だと思います。業務分担は一応決まっていますが、目の前の売り上げが取れるなら、越権行為など日常茶飯事です。むしろ多少、社内ルールを無視してでも売り上げを取ってくる奴が偉いというカルチャーがある中小企業こそが伸びている会社といえるのではないでしょうか。

役所と既得権を守るのが大企業

私は大企業の経営には余裕があり過ぎると考えています。経団連に名を連ねるような大企業がやっている仕事は、巨大な既得権の維持です。それは、いま目の前にある市場の刈り取りであって、将来的に大きな価値を生み出すフロンティアを開拓することとは必ずしもイコールではありません。

既得権側の大企業は規模こそ大きいものの、人々のライフスタイルを一変するような画期的なイノベーションを生み出すことはほとんどありません。いや、仮にそれを見つけたとしても、日本の大企業は東芝のように、いとも簡単にその果実を捨ててしまいます。「八木アンテナの呪い」からも類推できます。

痛くない注射針で有名な岡野工業の岡野雅行《おかのまさゆき》社長に、「日本のイノベーションを支えるのは中小企業であり、大企業は技術的には何も持っていない」という話を直接聞いたことがあります。岡野社長が大企業に期待するのは、特許を守るためのペーパーワークだけです。

では、経団連に加盟するような大企業は何をしているかというと、規模は大きくとも飽和しているマーケットで、決められた商売をしているだけです。そして、その商売を邪魔するライバルが入ってこないよう、役所とグルになってガッチリ既得権を押さえる。それが大企業のお仕事なのです。元経産官僚で、かつては既得権側にいた慶應義塾大学大学院教授の岸《きし》博幸《ひろゆき》氏は、次のように述べています。

〈デジタル技術はあらゆる産業に浸透しつつあるのですから、あらゆる分野であらゆる個人・零細企業が大企業に伍してビジネスを展開できるようになる、という点こそもっとも重要なのです。

そのように考えると、これらの流行り言葉（AI、民泊※筆者註）への政府の対応もおかしいと言わざるを得ません。役所と仲のいい大企業を集めた研究会、予算措置による実験プロジェクトと、旧態依然とした振興策や産業政策がメインだからです。

デジタル化の本質があらゆる個人・零細企業に新規ビジネスのチャンスを与えるものであることを考えると、政府がまずやるべきはそのポテンシャルを妨げる障壁の除去であり、それは規制改革に他ならないのではないでしょうか〉

（「ダイヤモンド・オンライン」二〇一六年二月五日付）

「ポテンシャルを妨げる障壁」というのが役所と大企業、そして往々にして増税政治家が作る既得権の壁です。皮肉にも、これこそが大企業の利益の源であり、大企業の社員の給料の原資です。彼らが分業しながらぬるい協調をしていられるのは、このオイシイ既得権があるからなのです。

なぜ大企業から中小企業への転職がうまくいかないのか、その理由がもうお分かりいただけると思います。大企業が既得権を守るのとは反対に、中小企業、なかでもベンチャー企業は、基本的にこの既得権を破壊する立場にいます。つまり、大企業とはベクトルの向きが反対というわけです。

総務省と結びＮＴＴとＫＤＤＩは

では、大企業から中小企業ではなく、大企業から大企業に転職すれば問題はないのでしょうか？

実はそうでもありません。同じ大企業でも、創業経営者がまだ生きており、既得権を破壊する側のポジションをとり続けている企業もあるからです。

その典型的な例は、ソフトバンクなのではないでしょうか。孫正義《そんまさよし》会長には毀誉褒貶《きよほうへん》がありますが、私は日本の固定電話代をタダにしたという功績は、非常に大きいと思います。

もし孫氏がブロードバンドの普及に心血を注いでいなかったら、日本のインターネット環境の整備は、最低でも一〇年は遅れていました。大容量の通信回線がほとんど無料になったからこそ、インターネットをベースにした様々なビジネスが生まれました。

既存のプレイヤーであるＮＴＴやＫＤＤＩは、むしろ総務省と結託して、孫氏の邪魔ばかりしていました。そこに風穴を開けたのは、間違いなく孫氏です。

ソフトバンクは売り上げ規模や組織としては大企業になりましたが、未だに創業者が経営に携わっている点では、既得権側の大企業とは大きな違いがあります。ソフトバンクのような会社に転職する場合、大企業から大企業の転職であっても、ちょっと意味が違います。

経団連に加盟するような大企業の罪には、人材を育てることができず、その潜在能力も殺してしまうという点も加えておくべきでしょう。

Q7 日本の大企業はセコくお金を貯め込んでいますが、そんなに貧乏なんでしょうか?

A7 いいえ、日本の大企業は世界一の大家です。金ならあるんです。

経常収支の赤字は悪で黒字は善か

日本企業が株主や従業員に分配せず、セコくお金を貯め込んでいるという話は、内部留保の説明のときにしました。ここでは、そのメカニズムを、日本と海外の資金のやりとりのなかで捉えてみます。

まず、日本企業が貯め込んだお金を、すべて国内に投資しているなら、まだマシです。たとえば新しい設備を国内に作るということであれば、日本の建設会社や設備メーカーの仕事が増えるからです。これらの会社も日本企業である限り、儲けの大半を内部留保してしまうとしても、仕事が増えた分、ある程度は従業員の給料やボーナスに反映されることでしょう。

問題は、内部留保した資金が国内の投資に回らず、海外に出て行ってしまうケースです。この場合、直接的に仕事を受注するのは海外の会社であり、その時点では日本にメリットはなさそうです。

確かに、海外投資には、将来的なリターンがあります。海外に投資した資金によって運営される事業の金利や配当金は、さまざまな形で、投資家である日本企業に環流しています。とはいえ、その環流した投資リターンが日本国内で使われなければ、結局、意味はありません。その点について、実態はどうなっているのでしょうか？　そのことを明らかにする前に、国際収支統計の基本的な事柄を理解する必要があります。

この国際収支という分野は曲者《くせもの》です。経常収支の赤字が悪で黒字が善、みたいな二元論をよく新聞で見かけますが、これは完全に間違った捉え方なので、騙されないでください。新聞記者には経済学の知識がないので、国家が企業のように世界中で競争しているというような、稚拙《ちせつ》な陰謀論でしか考えられないのです。

しかし残念ながら、経済の仕組みは、もう少し複雑です。この点について解説します。

国際収支には、いろいろな収支があります。新聞紙上を賑《にぎ》わす経常収支とか、あまりなじみのない金融収支（資本収支）といったものです。たとえば、「経常収支が黒字で、金融収支が赤字」と聞いて、何を想像しますか？　新聞の経済記事に洗脳されると、次のような脳内変換が行われるのではないでしょうか？

一次変換：貿易で勝って、金融で負けた
二次変換：技術で勝って、金融で負けた
三次変換：モノ作りでコツコツ稼いだお金が、ハゲタカ外資に掠《かす》め取られた！

しかし、これは「黒字」と「赤字」、「貿易収支」と「金融収支」の意味を、イメージで捉えたことによる誤解です。新聞がダメなところは、国際収支統計における「収支」と自分のお小遣い帳の「収支」を混同してしまうこと。確かに同じ「収支」という言葉を当てていますが、その背後にある仕組みが、まったく違います。

お小遣い帳の収支は、単なる現金出納帳です。もともと存在した現金を何に使ったか記録しているだけなので、収支がマイナスになったら、誰かにお金を借りている状態（＝赤字）になります。赤字が悪いというのは、お小遣いがマイナスだから悪い、という程度の話です。

これに対し、国際収支統計における収支は、以下の公式に当てはめて全体がゼロになるというところからスタートします。全体がバランスしているという点が重要です。

なお、金融収支は海外に投資された金額の増加分（海外に流出した金額）を正の数で表すため、公式のなかでは引き算になっています。

経常収支 ＋ 資本移転等収支 － 金融収支 ＋ 誤差脱漏 ＝ ○《ゼロ》

日本の二〇一六年における国際収支統計にこの公式を当てはめてみましょう。

二〇万三四二一 ＋（－七四三三）－ 二八万六九八五 ＋ 九万九九九七 ＝ ○（単位：億円）

公式に当てはめて合計すると、ちゃんとゼロになっていますね。経常収支の黒字が増加すると、金融収支の赤字（海外投資＝海外への資金流出）が増加して、全体がゼロになるようにバランスするのです。これは、経済における絶対に逆らえない掟《おきて》です。

アベノミクスで急上昇の金融収支

経常収支黒字の裏側で増大する金融収支赤字とは、海外への直接投資、証券投資、金融派生商品、その他投資、および外貨準備の合計です。図表16のデータによれば、二〇一六年一

図表16　2016年の日本の国際収支（億円）

経常収支	資本移転等収支	金融収支	誤差脱漏
203,421	−7,433	286,985	90,997

データ出所：財務省「国際収支関連統計」

年間だけで、二八・六兆円もの巨額資金が日本に投資されず、海外に逃げてしまったと言い換えることもできます。

しかし海外に逃げたといっても、それはあくまでも投資ですから、当然リターンがあります。日本企業は、国内で投資し切れない資金を株主や従業員に還元せず、海外に投資してリターンを得てきたのです。

それが一体どれぐらいの規模になるかというと、投資した元本は積もり積もって、約一三八・九兆円（平成二六年末本邦対外資産負債残高の対外直接投資残高）、毎年のリターンは、なんと一八・一兆円にも上っているのです。

しかも、この金額は、ここ二〇年で三倍にもなっています。海外投資のリターンを示す、第一次所得収支を図表17にグラフ化してみましたので、ご確認ください。

それだけではありません。これほど巨額のリターンを毎年得ているにもかかわらず、元本の積み上げは、未だに続いているのです。図表18は、毎年の元本の積み上げ額に相当する金融収支の推移を表しています。

ご覧いただければ分かるとおり、リーマンショックや東日本大震災など

図表17　日本の第一次所得収支（単位：兆円）

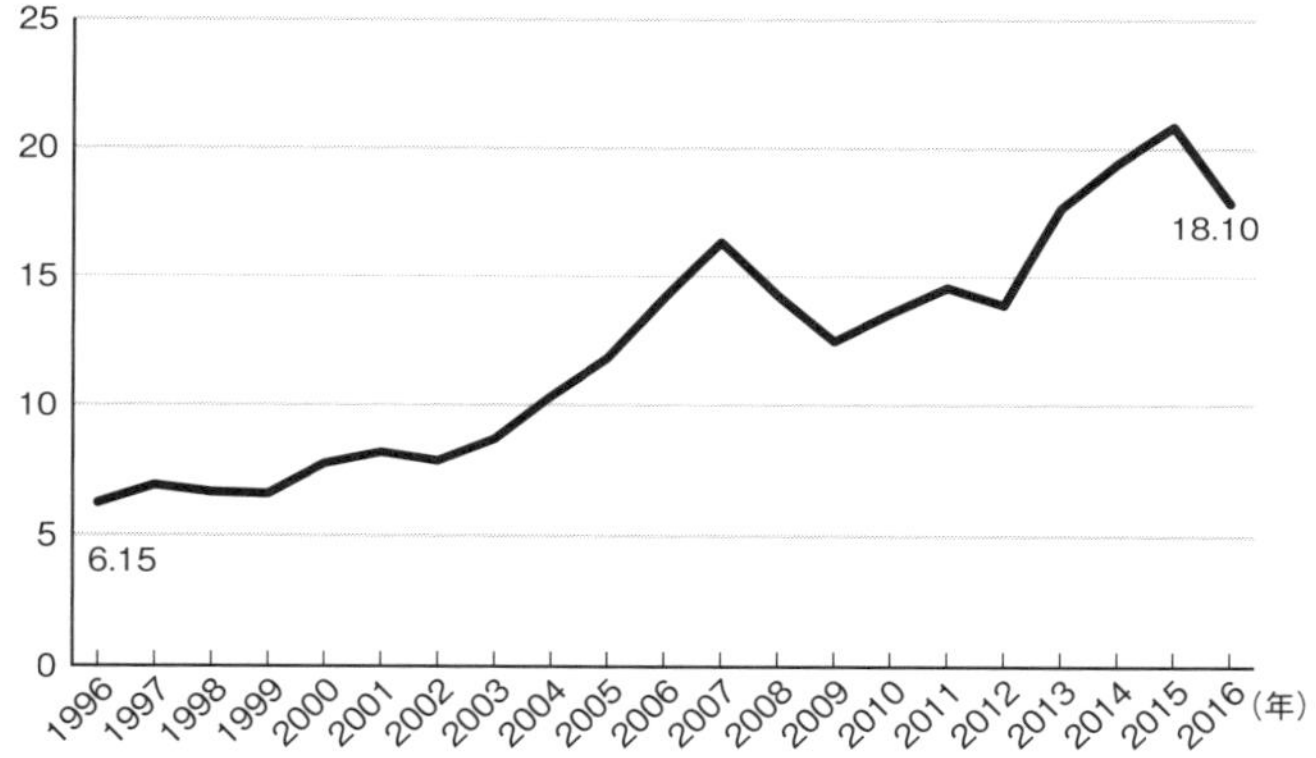

データ出所：財務省「国際収支関連統計」

図表18　日本の金融収支（単位：兆円）

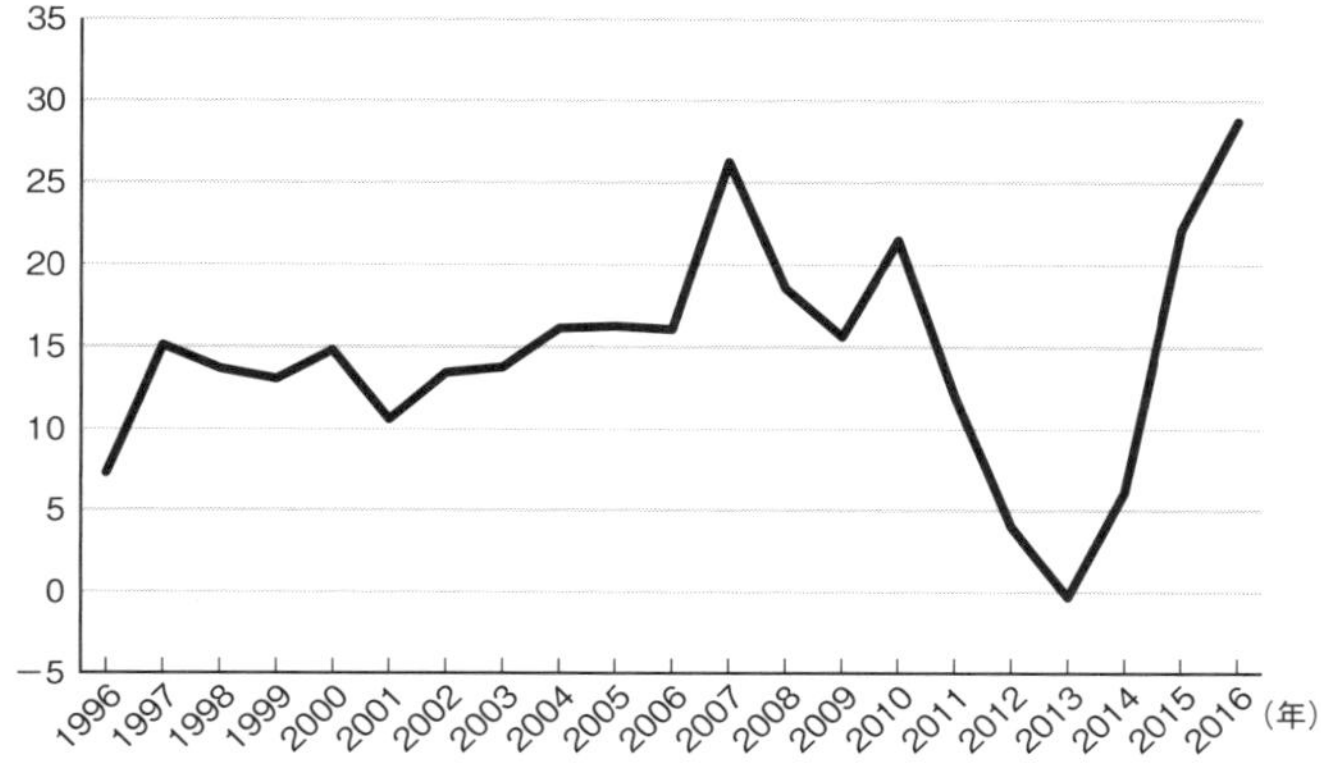

データ出所：財務省「国際収支関連統計」

の大きなトラブルがあったときに限り、金融収支は減少しました。しかし、それ以外は一貫して高いプラス水準を維持しています。

特に、アベノミクス以降のグラフの急上昇を見てください。これだけ海外に投資できる余裕ができたということを、端的に表しています。

ただ、それが良いことだと単純に喜んではいけません。日本企業は、ちょっと余裕ができると、お金を株主や従業員に還元するより、海外投資に回してしまうことが問題だからです。リーマンショックから東日本大震災にかけての経済危機においては、さすがに元本の取り崩しがありましたが、それぐらいのショックでもない限り、日本企業は儲けを海外に投資しまくっています。

儲かった分を、すべて再投資せずに分配してしまうのも問題ですが、危機が去って余裕ができてきたのに、再投資をマックスで続けるというのも問題です。何事もバランスが肝心《かんじん》だと思いますが、どうも日本企業は、お金を貯め込むほうに傾注しているように見えます。

経常黒字善玉説の邪な価値観

この点について、別の角度からも検証してみましょう。国全体で見たとき、「一〇〇円で何かを買う」という行為は、「一〇〇円で何かを売る」行為と、必ず同時に行われています。なぜなら、商店主も国民、お客さんも国民だからです（国内在住の外国人も経済的には国民と見なして構いません）。

国民Aが一〇〇円受け取った＝国民Bが一〇〇円支払った……①

国民AとBはいずれも国民なので、以下のように言い換えます。

国民が一〇〇円受け取った＝国民が一〇〇円支払った……②

馬鹿馬鹿しいぐらい簡単な式です。何かを買うために「国民」のポケットから出たお金は、必ず何かを売った「国民」のポケットに収まります。買った値段と売った値段が一致するということを利用して、それが等しいということを表す式を作っただけです。さらにいえば、一〇〇円分の商品を作ったともいえます。

国民が一〇〇円受け取った＝国民が一〇〇円支払った
＝国民が一〇〇円分の商品を作った……③

つまり、①から③の式の流れは、生産と支出と分配が同額になるということを表しています。これが「GDPの三面等価の法則」というものです。

国家全体の経済を考える場合、外部性が存在しません。誰かの支出は誰かの収入であり、それが生産額ともイコールになります。どこにも逃げ道はありません。

たとえば企業の場合、社員をリストラすると、それ以降の人件費は削減されますが、政府が公務員をリストラすると、彼らが再就職しない限り失業手当に相当する金額の増大を招き、人件費とは別の支出が増加してしまいます。この手当を出さないで彼らが困窮《こんきゅう》すると、今度は治安が悪化し、警察関係の予算が増大することになります。

このように国全体で考えると、結局、どこにも逃げ道がない……マクロ経済には外部性がないというのは、つまりそういうことです。

さて、これを使って、次のような非常に単純なモデルを考えてみましょう。たとえば、日本で生産されるものが食料しかないと仮定し、その量が一年間で一〇〇億円分とします。このとき、全生産量一〇〇億円分を国内で食べきれない場合は輸出されます。反対に、日本人の食欲が旺盛で一〇〇億円分では足らない場合、不足分は海外から輸入します。

一〇〇億円分食べきれない ↓ 食料輸出 ↓ 経常収支が黒字
一〇〇億円分では足らない ↓ 食料輸入 ↓ 経常収支が赤字

「日本経済新聞」を始めとした経済メディアですら、経常収支の黒字とか赤字の本当の意味を分かっていません。経常収支が黒字になることは、日本が貿易戦争に勝ったのではなく、単にその年の生産量を消化するだけの需要が日本国内になかっただけの話です。あくまでも「収支」の問題ですから。

経常収支の黒字とは、総生産よりも総支出が下回った、つまり、それだけモノが売れなかったということになります。ということは、「経常収支の黒字が日本経済の生命線」という記事は、完全なトンデモなのです。騙されないでください。

さらにいえば、経常収支が黒字であるのが良いことなら、日本人は常に自分で生産する量より少なく消費して、余った分を外国に売り続けることが正しいという価値観を認めることになります。

現在の構造なら、そのときの儲けで海外に死ぬほど資産を積み上げ、そこから生まれるリターンも莫大な金額になります。しかし、それでも倹約してチマチマ消費し、余った分を海外に売り続けること、それが貿易戦争に「勝つ」ことなのでしょうか？　国民の生活の豊かさで見るなら、負けているように思えます。

実は、「日本経済新聞」を始めとした「経常黒字善玉説」には、こうした邪《よこしま》な価値観が見え隠れしています。絶対に騙されないでください。

海外投資のリターンも再び海外に

この経常収支は、大きく分けて、貿易・サービス収支と所得収支で構成されています。この所得収支とは、海外に投資した元本から得られるリターン（金利や配当金など）なのですが、日本の場合せっかく海外投資で得たお金が、国内で生産されたモノを購入するために使い切れていません。

所得収支が黒字なのに、経常収支も黒字ということは、海外からのリターンを国内の生産物を買うことでは使い切れず、余ったお金は再び海外に再投資されていることになります。それは結局、お金を貯め込んでいるのと同じです。

なぜ、こんなことになるのか？　その理由は、本書でたびたび申し上げてきたとおりです。日本の経営者は将来的に景気が悪くなることを恐れ、経営上のリスクを極小化するため、利益を分配せずに貯め込む傾向があります。それは、「売り上げゼロでも一〇年営業できる」ぐらいの、過剰な水準を目指しているようにも見えます。

では、なぜ彼らが将来的な景気の悪化を予想しているのか？　その理由は簡単です。安倍総理以外の与党政治家、および維新の会を除く野党すべてが、緊縮的な経済政策を標榜しているからです。

バブル崩壊からの二〇年近い経済失政によって、日本経済は徹底的に痛めつけられました。その間、企業はデフレと不況に最適化した体質に変化しました。アベノミクスによってデフレはかなり退治されましたが、ポスト安倍の政治家にデフレ退治のプランが見えません。むしろ増税政治家によって、消費税の増税など、デフレに逆戻りしかねない恐ろしいプランばかりが実行されるように思えます。

すると経営者はそれなりに現実的ですから、論理的な帰結として、余裕があるときに金を貯め込むという行動が正当化されるわけです。その結果、日本の経常収支はいつまでも黒字……せっかくの海外投資のリターンも、再び海外に再投資されていきます。

私たちは、目の前を莫大な金額が通り過ぎていくのを、ただ見ているだけです。

海外投資の利益一八兆円を国内に

この状況を打破するには、企業や国民の努力だけでは限界があります。やはり政府と日銀によるインパクトのある政策が必要です。

経済学の言葉でいうなら、現在の物価目標二%というコミットメントを、さらに強化する激烈なプランを実行すべきです。

もしコミットメントを強化するのであれば、たとえば物価目標を引き上げ四%にするとか、期限を一年以内にするとか設定し、目標未達の場合は懲罰として日銀を解散し、日銀パート2を作って新しい執行部にすべてを託すとか、そうした過激なことを行う必要があります。

一見、無理筋に見えますが、政府がちゃんと日銀に協力すれば、どんな目標でも必ず達成することができます。要は、お金を刷れば、必ずインフレは起こりますから。いまは政府の協力が不十分なので、インフレ率の上昇も不十分なのです。

これは私がテレビやラジオで使っているギミックですが、仮に私が日銀総裁なら、この目標を達成するため、国民一人当たり月三〇万円の給付金を配るでしょう。四人家族で月一二〇万円……これだけ渡せば消費が盛り上がることは間違いありません。

そのとき、日本国内の生産力だけで、旺盛な需要を支えきれるでしょうか？ モノ不足が起これば、インフレは一気に進みます。もちろん、四%の目標を達成したら、この給付は終わりますので、それ以降、無制限に物価上昇が進むことはありません。

とはいえ、こうなって初めて企業経営者は、その需要に応えるための設備拡張や人材採用などに着手するのではないでしょうか。そのときこそ、やっと経営者は海外投資のリターン一八兆円を、国内向けの投資や人材確保のための待遇改善に使うことを決断するはずです。

というのも、日本国内の需要が旺盛で、高い投資リターンが見込めるなら、わざわざ海外に再投資する必要はありませんから。そして、この状態を二〇年続ければ、企業の利益処分の姿勢もずいぶん変わるはずです。

もちろん物価目標四%を達成したら、日銀からの給付金は終わりですが、私なら再び物価目標を下回ることがあるなら、いつでもこの給付金を復活すると宣言しておくでしょう。おそらく、日銀がそれだけ過激なコミットメントをするなら、人々は安心して消費できるのではないでしょうか。

まさに、緊縮とは正反対の政策ですが、企業にとっては利益の拡大につながり、人々も豊かな消費社会をエンジョイできるようになります。どう考えても、こちらのほうが良いに決まっています。

日銀審議委員が債券業界の防衛を

ところが、「日本経済新聞」などは、この政策には大反対です。財政規律が緩み、財政が破綻してしまうからだそうです。また、最近は日銀のバランスシートが悪化して債務超過に陥るといった根拠のない与太話を、繰り返し記事にしています。

たとえばこんな感じです。

〈前日銀審議委員の木内氏、日銀の国債買い入れ「来年半ばには限界に」

七月二三日に日銀の審議委員を退任した野村総合研究所の木内登英《きうちたかひで》エグゼクティブ・エコノミストは九日朝、ＢＳジャパンの番組に出演した。番組のなかで日銀の現在の金融緩和政策の副作用について、国債の流動性枯渇と日銀のバランスシートの膨張を指摘した。木内氏は「国債の流動性が枯渇するなかで何か起きると金融市場の混乱は大きくなる」と懸念を示した。さらに日銀の国債買い入れについて「来年の半ばには限界に達する」との見方を述べた〉

（「日本経済新聞・電子版」二〇一七年八月九日付）

木内氏というのは元日銀審議委員で、黒田総裁の金融緩和にずっと反対を唱え続けた人物です。債券業界の人間であり、自分の出身組織のために金融政策をオモチャにしようとして、失敗しました。

金利がゼロでは債券ディーラーはまったく儲かりませんので、リストラされてしまうでしょう。自業自得《じごうじとく》です。

ところが「日本経済新聞」は、そんな木内氏の発言を引用し、日銀の金融緩和のリスクばかり強調しています。現在の日本経済に必要なのは、もっと日銀がリスクを取ることなのに、まるで正反対のアドバイスをしているわけです。

まさに藪《やぶ》医者……デフレで自殺者が大幅に増加したことを勘案《かんあん》すれば、業務上過失致死罪に該当《がいとう》するかもしれません。

日本企業は海外に莫大な資産を持っています。そのリターンを、ほんの少し国内の投資や雇用に回すだけで、国民を豊かにすることができます。

ところが、いまそうすることにはインセンティブがありません。その理由が、まさに「日本経済新聞」を始めとした大新聞が、将来の緊縮政策をプロパガンダしているからです。

特に大企業の経営者は、リスクを極端に恐れ、横並び意識が強いため、こうした情報操作にすぐ、やられてしまいます。

本当は世界一豊かになれるのに、みんながビビり過ぎて何もできない——そんな日本の経営者たちの本音が、国際収支の統計に表れているように見えます。

Q 8 なぜ日本の大企業の経営者は、決断が遅いのですか？

A 8 彼らがやっているのは経営ではないからです。

社長業をこなすサラリーマンとは

昔、パソナグループの代表である南部靖之《なんぶやすゆき》氏に、面白い話を聞いたことがあります。「社長には二種類ある。経営者と創業者だ。経営者はお金を稼ぐ人。創業者はお金を使う人。私は創業者なので、お金を使うことばかり考えている」

私も仕事柄、多くの経営者に会ってきましたが、確かに社長には経営者タイプと創業者タイプがいます。創業者タイプの人には「ヴィジョナリー」といって、未来を見通す力を持った人が多いのも特徴です。未来が見えるからこそ、先回りして投資する。だから南部氏は、創業者はお金を使うタイプだといったのです。

逆に経営者は、その先回りが的中したあと、さまざまなチューニングを行って、そのリターンを最大化する人です。南部氏の発言を私なりに解釈すると、要するに「創業者はゼロから一を作り出す人、経営者は一を一〇とか一〇〇に伸ばす人」ということになります。

南部氏のこの分類から考えると、現代の大企業の経営者は、そのどちらに当てはまるでしょうか？　実は、どちらにも当てはまらないケースが大半のようです。彼らが当てはまるのは創業者でも経営者でもない第三のカテゴリー……それは「社長業をこなすサラリーマン」です。

なぜ彼らがサラリーマンなのか？　それは、社長であるにもかかわらず、彼らには上司がいるからです。それも一人ではありません……何人も。

「社長の上司」という不思議な存在は、顧問とか相談役などの肩書を持った、その会社の経営者のＯＢたちです。大企業の経営者は、こうしたＯＢの顔色を窺《うかが》いながら無難に会社を運営する人であり、要するにサラリーマンなのです。

社長の上司であるＯＢたちは経営上の責任を取るのかというと、そんなことはありません。彼らは会社に居座って経営に口出しするくせに、一切責任を取らない、お気楽な身分なのです。

本書でここまで書いてきた話を読んで、すでに薄々、そのことに感づいていた読者も多いでしょう。サラリーマン社長たちのやっていることは、責任ある経営ではありません。本来、経営者としてやるべき合理的な経営判断よりも、OBの顔色を窺うほうがメインです。問題を起こすとOBがうるさいので、監督官庁の意向や業界の横並び状態に、とても敏感です。役所に逆らったり、業界の流れに逆行したりして、それで結果が出なかったら、OBから叱《しか》られてしまいます。

そしてOBに嫌われると、自分が経営者を引退したときに、顧問や相談役のオイシイポジションをもらえません。だからこそ、現役の経営者は必死なのです。

彼らにとって最も合理的な行動は、リスク回避的な行動、周りと同調する行動なのです。

ソニーが作るべきだった「iPod」

もちろん、この行動パターンには、例外もあります。東芝という会社は日本の典型的な会社で、代々サラリーマン社長が経営していましたが、ウエスチングハウス買収の件では、あり得ないぐらい大きなリスクを取りました。

普段はリスク回避的なサラリーマン経営者ですが、同調圧力のかかり方次第では、こういう無謀なチャレンジも平気でやってしまうのです。当然、このチャレンジは大失敗でした。その詳細については後述します。

大企業の経営者はプロジェクトそのもののリスクよりも、監督官庁の意向とか、競合他社の動向で、OBに批判されるのが怖いのです。バブル時代に銀行が、不動産業界に対し現在では考えられないくらいのリスクを取って融資を拡大したのも、これと同じ病理です。

しかし、いまはサラリーマン経営者が跋扈《ばっこ》する大企業も、創業当初はどこも個人企業や零細企業で、バイタリティのある創業社長が責任ある経営をしていたはずでした。創業社長には上司はいませんから、当然です。

では、日本の大企業は一体、いつから道を踏み外してしまったのでしょうか。

たとえば、いまでこそ国際優良銘柄となっているソニーという会社も、創業当初は小さい町工場そのものでした。公式HPによれば、「一九四六年五月　電気通信機および測定器の研究・製作を目的とし、東京都中央区日本橋『白木屋』内に資本金一九万円をもって東京通信工業株式会社（東通工）を設立」とのことです。スタートは百貨店に間借りです。

そのソニーは、一九五五年にトランジスタラジオが大ブレイクして、その後の快進撃が始まります。ウォークマンやプレイステーションの大成功のみならず、エンターテインメント業界にも進出し、国際的にも確固たる地位を築きました。

しかし、盛田昭夫《もりたあきお》氏を始めとする創業者が相次いで経営の一線から去ると、経営がおかしくなります。ソニーは、いつの間にか、モノ作りの会社から保険会社にシフトしてしまったのです。本来、アップルが作った「ipod」のような製品は、ソニーが出すべき商品でした。しかし当時の経営者が、ファイルの独自フォーマットに拘《こだわ》った結果、日の目を見ませんでした。

これはソニーに限らず、パナソニック（松下電器産業）でもまったく同じです。創業者の松下幸之助《まつしたこうのすけ》氏が死去した一九八九年はちょうどバブルのピークで、その後バブル崩壊とデフレが日本を襲ったのは、たいへんな不運でした。

しかし、その後のパナソニックのプラズマテレビを巡る迷走は、デフレだけのせいではありません。創業者が退任したあと、どの大企業もたいていは「特別な事情」で経営が迷走していくのです。

この「特別な事情」とは、法的には経営者でない人間が隠然たる権力を持って社内に「院政」を敷くこと。ソニーの場合、創業者の一人である盛田昭夫氏の未亡人が役員人事に介入し続けたことが、経営の迷走の原因だという指摘があります。

またパナソニックの低迷も、創業者の松下幸之助氏があまりの才能のなさに見限った娘婿の松下正治《まつしたまさはる》氏が九九歳まで生き、経営に悪影響を与え続けたのが原因といわれています。

広い意味で、創業家の親戚筋も、OBみたいなものです。大企業の現役の経営者たちは総じて「OB怖い病」に罹《かか》っているため、本人がどんなに才覚があっても、OBが迷走すると道連れになってしまうのです。

三菱東京ＵＦＪ頭取の退任の真実

私の経済学の師匠であるイェール大学名誉教授の浜田宏一《はまだこういち》氏は、この問題をかなり前から指摘していました。浜田氏は経済誌のインタビューで、次のように述べています。

〈ある講演会で、大手銀行の元頭取の方がいるところで、大銀行のビルの最上階に陣取って、旧頭取が相談役、顧問という形で、「昔の部下だった社長に影響を及ぼしているのではないか。」とＯＢガバナンスを批判しましたら、ビルの話からしてうそだと大変叱《しか》られてしまいました。不正確なことを言ったのは反省しますが、失われた一〇年で極めて消極的に育った世代が、実物投資や株式投資などを抑えて、日本経済の活気をそいでいないでしょうか〉

（「月刊資本市場」二〇一七年一月号）

浜田氏の指摘に大手銀行の元頭取は真っ向から反論したそうですが、事実は異なります。

二〇一七年六月に、就任からわずか一年あまりで三菱東京ＵＦＪ銀行（ＢＴＭＵ）の小山田《おやまだ》隆《たかし》頭取が「健康上の理由」で退任しました。しかし、その退任理由は嘘です。次の告発記事をお読みください。

〈この退任理由を額面通りに受け取る関係者は少なく、さまざまな観測が飛び交うが、BTMU幹部はこう断言した。

「平野さんと本店九階の板挟みで疲弊していたのは間違いない」

「平野さん」とはMUFG社長でもある平野《ひらの》信行《のぶゆき》・BTMU会長のこと。では「本店九階」とは何を指すのか。

実は、BTMU本店九階には応接室や会議室、役員食堂の他に、歴代頭取経験者の個室がある。

小山田前頭取が退任を決めたとき、九階には五人分の個室があったとされる。

小山田前頭取の二代前の頭取である永易克典《ながやすかつのり》相談役、三代前の畔柳信雄《くろやなぎのぶお》特別顧問、四代前の三木繁光《みきしげみつ》特別顧問（東京三菱銀行）、五代前の岸曉《きしさとる》特別顧問（東京三菱銀行）、七代前の若井恒雄《わかいつねお》特別顧問（三菱銀行）の五人だ。六代前の頭取はすでに鬼籍に入っている。

この九階メンバーを中心に構成されるOB会は、銀行経営にも強い影響力を持つとされる。

しかも特別顧問に任期はなく、〝終身顧問〟として、「個室」「車」「秘書」の三点が一生涯付く。「無報酬の名誉顧問とは異なり、報酬も出る。九〇歳を超える御大《おんたい》もいれば、車椅子

で通勤してくる人もいる」と元ＢＴＭＵ役員は明かす〉

（「ダイヤモンド・オンライン」二〇一七年七月二四日付）

すでに退任した経営者が「相談役」や「顧問」というポストに死ぬまでしがみついている。そんな宿痾《しゅくあ》のような存在は、三菱東京ＵＦＪ銀行に限ったことではありません。創業者の親族が現役の経営者に影響を与えているとすれば、それもまったく同じ病気です。

サラリーマン経営者のＯＢだろうが、創業者の親族だろうが、顧問や相談役として経営に口は出しても責任を取らない立場にある人は、みんな会社の病原菌となり、経営を蝕《むしば》んでいくのです。

アメリカが嫌う日本企業の相談役

顧問や相談役というポストは、取締役や監査役と違って、会社法や株主総会に縛られることなく、各社が自由に設定可能です。コーポレートガバナンスの観点から問題があることは間違いありません。当然、海外の投資家は、「顧問や相談役が経営にどのような影響を及ぼしているか不透明である」と指摘しています。

ＮＨＫが報じたところ（「ＮＨＫ　ＮＥＷＳ　ＷＥＢ」二〇一七年一月二〇日付）による

と、二〇一六年一二月に、アメリカの議決権行使のアドバイザリー会社から「相談役・顧問制度を新設する議案には反対することを推奨する新たな指針」が発表されたそうです。その内容は、「責任が明確でないのにかかわらず、社長経験者らが相談役や顧問として自社に残り、影響力を行使することに強い懸念」というものでした。正論です。

この恐ろしい病気は、経団連に代表される大企業を、どこまで蝕んでいるのでしょうか？経産省が二〇一六年八月二五日から九月三〇日に行った「コーポレートガバナンスに関する企業アンケート調査」があります（有効回答社数は八七四社、回答率三四・九％）。このアンケートの設問七〇に、「貴社の役員又は役員経験者で、現在、貴社の『顧問・相談役』となっている方の人数をご教示ください」という質問があります。

その回答は次のようなものでした（図表19参照）。

なんと、全体の約八割に当たる七七・六％の企業が、相談役や顧問の制度があると回答しています。ちなみに相談役や顧問のうち、社長経験者の割合は約五八％でした。社長以外の役員の割合も調べれば、この率はもっと跳ね上がるでしょう。経営の一線を退いたはずの先輩が、隠然たる影響力を持って会社に居座っている姿が、数字から明らかになりました。

当事者がいくら言い逃れしようとしても、この数字を突き付ければ、言い訳はできません。経営者を引退したＯＢが会社に居座っているのは事実なのです。

図表19　コーポレートガバナンスに関する企業アンケート調査

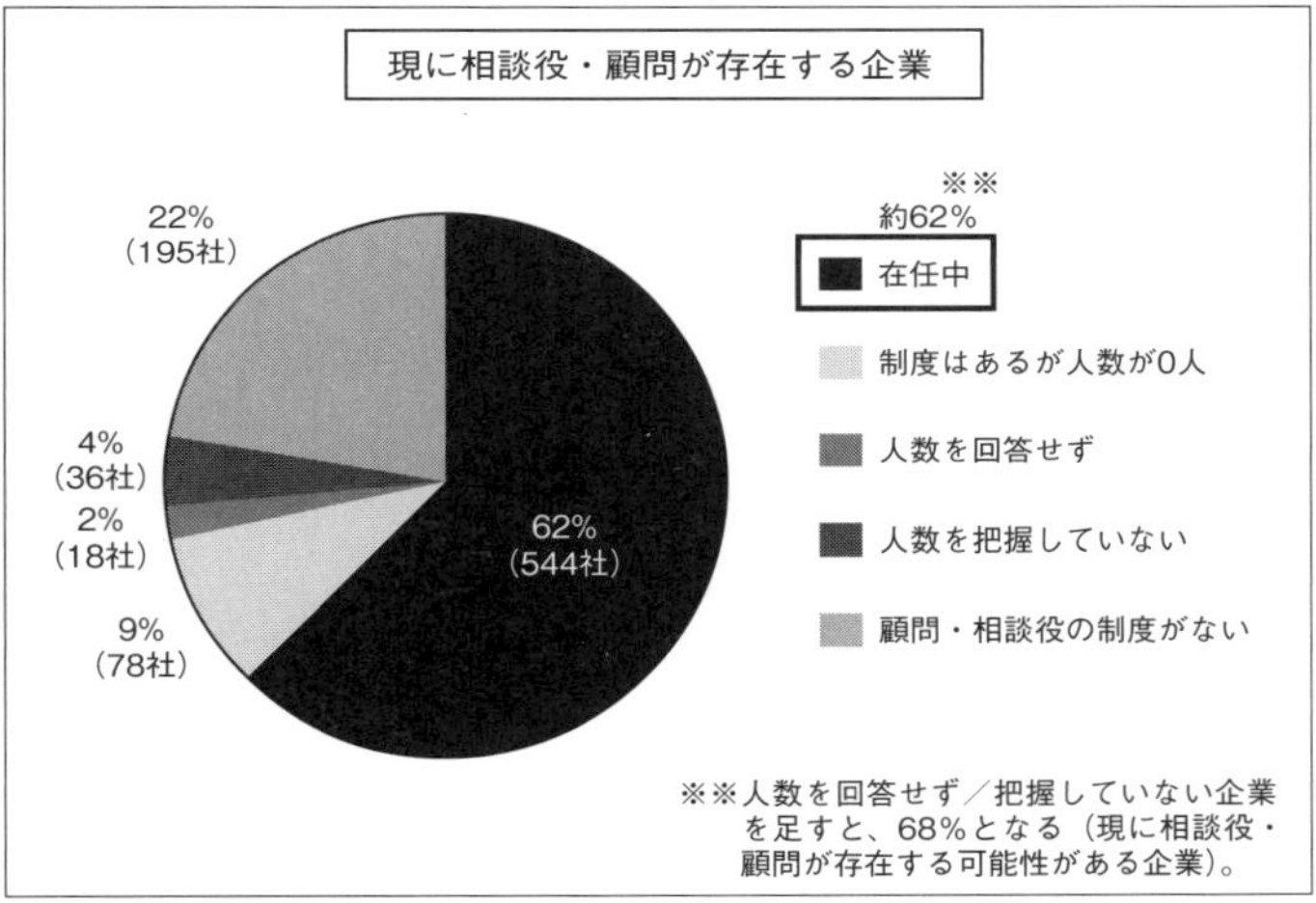

データ出所：経済産業省資料

さらに、このアンケートにはトドメの質問があります。設問七一「『顧問・相談役』が実際に果たしている役割についてご教示ください（複数選択可）」です。

最も多かった回答は、「役員経験者の立場からの現経営陣への指示・指導」です。全体の約三六％、二四一社がこのように回答したというから驚きです。これ以外にも、「中長期（三年以上）の経営戦略・計画についての助言（九二社）」「年度単位の経営計画についての助言（八五社）」といった回答もありました。

間違いなく、顧問や相談役が会社の経営に口出ししています。それも会社公認で。

このほかにも、「本社役員の人事案件についての助言（三九社）」「従業員や関係会社役員の人事案件についての助言（二九社）」といった、明らかに人事に介入していると思われる回答もありました。

経営責任を問われないOBたちが経営や人事に口出しする——これはまさに「院政」そのものです。そんなに経営がしたいなら、現役を引退せず、経営者として株主や世間の批判の矢面《やおもて》に立つべきです。

が、「院政」のほうが経営責任を取る必要がないため、お気楽に過ごせる……まさに経営者OBによる「経営ゲーム」に、現役の経営者や社員が付き合わされているのです。

東芝相談役の二つの大失敗

もちろん、経営者OBたちがとても優秀で、会社の売り上げや利益を伸ばしてくれるなら、この「院政」も正当化されるでしょう。しかし実際には、その反対のことが起こり得ます。

東芝の悪名高き「チャレンジ（粉飾決算）」の原因となった、二〇〇六年二月のウエスチングハウスの買収プロジェクトは、その前年に会長を退任して相談役に就任していた西室泰《にしむろたい》三氏《ぞう》が中心となって進められたものです。

ウエスチングハウスには設計変更などに伴う潜在的な損失の可能性が一〇億ドルもあったにもかかわらず、西室氏の音頭《おんど》で、六〇〇〇億円もの買収価格が提示されました。典型的な高値づかみです。

ところが西室氏は、この責任を自分では取ることなく、後輩に押し付けました。何とか損失をごまかそうと後輩経営者たちが「チャレンジ（粉飾決算）」に走ったことは、報道の通りです。

ところが、西室氏は東芝を退任したあとに就任した日本郵政の社長の地位にあるとき、再び高値づかみの案件に手を出しました。オーストラリアの物流会社トールの買収です。買収を発表したとき、市場では六・〇八豪ドルしかなかった株価に、なんと四九％も上乗せし、九・〇四豪ドルで買収価格を提示したのです。

もちろん、これも大失敗。二〇一六年の決算で、巨額損失を出すこととなりました。西室氏の経営センスのなさには、ただただ呆《あき》れ果てるばかりです。

アメリカのビジネススクールの教科書としてよく使われている『イノベーションのジレンマ』という本に、「五万ドルの注文に夢中になれる組織」の事例が出てきます。ある大企業がイノベーションを新規事業として成功させるためには、市場の規模に合わせて売り上げ目標を設定する必要があるという話です。

東芝は、ウエスチングハウスの買収をするくらいなら、自社で発明したフラッシュメモリの設計や製造を担うベンチャー企業を設立すべきでした。それこそ五万ドルの売り上げに狂喜乱舞するような中小企業で良かったのですが、こんな小さいリスクも取れなかった……もしそれをやっていれば、いま頃サムスンを凌駕《りょうが》する巨大メモリ企業になっていたはずでした。

しかし東芝には根強い業界横並び意識があり、本当の意味での新しい「チャレンジ」には関心がなかったということです。

顧問や相談役に就任した経営者OBたちが商売上手ならいざ知らず、たいていは凡庸《ぼんよう》なサラリーマン経営者の残りカスです。老人たちは、リスクを取らない無難な経営を望みます。いままで通り無難に経営して、自分たちの地位と収入を保証してほしい……そんな守りの集団が、現役の経営者の意思決定に大きな影響を与えています。そして、これこそが、日本の大企業経営者がリスクを取れない本当の理由なのです。

もちろん、西室氏のような経営センスの欠片《かけら》もない別の意味での奇才が、巨大なリスクを取るように働きかけるケースもあります。西室氏がウエスチングハウスの買収を推進したのは、経産省の意向を受けてのことだったようです。

とはいえ、もともとウエスチングハウスと提携していた三菱重工は、経営判断で手を引きました。それは賢明な判断であったと思います。

ただし三菱重工の場合も、単に経営判断が遅くてリスクが取れなかっただけかもしれないので、褒め過ぎないようにしておきましょう。実際に三菱重工では、関連会社の三菱自動車が度重なるリコールを出し、実質的に日産自動車に救済されていますから。

ＫＤＤＩが即断即決になった理由

さて、このような日本企業の経営体質を変えることはできるのでしょうか？　残念ながら、答えはノーです。ダメなカルチャーを持った会社は、より優れたカルチャーを持った会社に凌駕されない限り、変わらないのです。

かつて、イー・アクセスの買収を巡ってＫＤＤＩと競合したソフトバンクは、遅れて参入したにもかかわらず、ＫＤＤＩに競り勝ちました。イー・アクセスの千本倖生《せんもとさちお》会長（当時）は「日経ＢＰ社ＩＴｐｒｏ」の取材に、次のように答えています。

〈会社の成り立ちからして仕方ない面もあるだろうが、ＫＤＤＩのスピードはソフトバンクとちょっと差があった。孫さんとの交渉は、取締役会やファイナンシャルアドバイザーといった関係者もいるのに、その場ですぐ『分かりました』と返事が来る。持ち帰って検討し、丸くゆるやかに返事がくる他社と比べ、一〇周分くらいの差があった〉
（「日経ＢＰ社ＩＴｐｒｏ」二〇一七年八月九日付）

もう皆さんもお分かりですね。ソフトバンクの孫正義社長は創業社長で上司がいません。これに対してＫＤＤＩには、配慮しなければいけない人がたくさんいました。これが一〇周分の差になったわけです。

ちなみにＫＤＤＩは、この事案を深く反省し、企業買収については即断即決するようになりました。そうして二〇一六年一二月、約八〇〇億円を投じてビッグローブを買収し、二〇一七年八月には、二〇〇億円でソラコムの買収に成功しています。

やはり、一度痛い目に遭わないと、なかなか企業の体質というのは変わらないということです。

Q9 なぜ経団連は、民間企業の集まりなのに、公務員みたいなことばかりいっているのでしょうか？

A9 護送船団方式の権化《ごんげ》、そして既得権にしがみつく守旧派だからです。

三木谷会長が経団連を辞めた理由

経団連がダメな理由は、経団連を辞めた楽天の三木谷浩史会長兼社長の一言に集約されています。二〇一二年二月二〇日付の「日経ビジネスオンライン」に掲載されたインタビューから抜粋します。

〈経団連が言っていることが、あたかも経済界の統一見解のように言う。だから僕は「そんなことないよ」と世の中にはっきり言いたかった。違う意見だってあるんだよ、ということですね。

ツイッターで退会をほのめかしたのは確信犯。全く入っている意味もないしね、正直言って。経団連は日本企業の護送船団方式を擁護《ようご》し、これが世の中の共通認識だとカムフラージュするために作られた団体なんですね、そもそもが〉

そうなんです。経団連は日本の古い護送船団方式を象徴する守旧派の集まりなのです。楽天のような会社が、そんな団体に飼い慣らされていてはいけませんね。三木谷氏の判断は正しかったと思います。

経団連のＨＰによれば、「経団連は、日本の代表的な企業一三五〇社、製造業やサービス業等の主要な業種別全国団体一〇九団体、地方別経済団体四七団体など」から成り、「その使命は、総合経済団体として、企業と企業を支える個人や地域の活力を引き出し、日本経済の自律的な発展と国民生活の向上に寄与すること」なのだそうです。

ただ、一三五〇社の意見をとりまとめて、「着実かつ迅速な実現を働きかけ」るとのことですが、果たしてそんな簡単に意見の集約ができるのでしょうか？　企業どうしは市場において競争しているわけですから、異なる意見があって当然です。ところが経団連は、それを十把《じっぱ》一絡《ひとから》げにして、「経済界の意見」に丸めてしまうわけです。三木谷氏の指摘通り、それにはかなり無理があると思われます。

三木谷氏が経団連を辞めたもう一つの理由は、三木谷氏自身がその後に立ち上げた新経済連盟（新経連）の設立趣旨にあります。新経連の公式サイトによれば、「少子高齢化等の構造的問題を抱える日本が将来にわたり国際競争に勝ち抜き、経済成長を続けていくためには、ＩＴ（情報通信技術）のさらなる戦略的な利活用を軸とした新産業を推進、発展させていくことが不可欠です」とのこと。裏を返せば、経団連では、こういう話ができなかったのでしょう。要するに経団連は古い、ということです。

実際に経団連と接触している某省の役人に聞きましたが、新しい技術や時代の流れが肌感覚として分かる人は、経団連事務局にはいないそうです。もちろん、おじいちゃんばかりの役員にも、そんな人材はいません。

官民一体の泥船が形成されて

どうも日本経済は、古い日本と新しい日本に分断されていて、経団連はまさに古いほうを担っている団体であるともいえそうです。そういう団体に所属する日本の伝統企業の経営者は、いわゆる調整型リーダーで、空気を読むことにだけは、とても長《た》けています。ところがグローバルな市場はおろか、国内市場の変化にも極めて鈍感で、むしろ古いビジネスモデルを守ることばかり考えているのです。

そこに、経産省のなかにいる「産業政策大好き人間」が乗っかって、官民一体の泥船が形成されています。まさに古い日本、大東亜戦争を敗北に導いた大本営にも重なり、既視感満載です。経団連とは、産業政策的な古いフォーマットの上に胡坐《あぐら》をかく「お勉強集団」だと揶揄《やゆ》する声もあります。

もちろん、経団連がお勉強した結果、素晴らしい提言がなされるなら文句はありません。ところが経団連の提言の多くは、経産省の政策をなぞったものでしかありません。政府から独立した企業としての画期的な提案は、皆無といっていいでしょう。

たとえば、二〇一七年五月に発表された「GDP六〇〇兆円経済への確固たる道筋をつける 二〇一七年度事業方針」という提言を見てみると、それは分かります。私は正直、これを読んでひっくり返りそうになりました。

〈一．成長戦略の推進

(三) 消費の喚起

経団連は、官民連携のもと、個人消費の喚起に向けて、将来不安の払拭《ふっしょく》に取り組む。また、「プレミアムフライデー」を継続的に実施し、地方への浸透を図りつつ、国民的行事としての定着を目指す〉

これが真面目《まじめ》に書いた文章でしょうか？ プレミアムフライデーで個人消費の喚起？ 私が代わりに経団連に教えてあげましょう。個人消費喚起に向けてやるべきことは、「君たち経営者が従業員の給料を上げることだよ！」と。

もちろん、そのためには、企業が賃上げしやすい環境を作るためのマクロ経済政策が連動しなければなりません。日本以外の先進国でごくごく標準的な消費喚起策といえば、減税です。

たとえば、アメリカのトランプ大統領の税制改革に対して市場が期待していたのは、企業や個人の可処分所得の増加による投資や消費の拡大。当然、日本でも検討されるべき政策ですが、経団連の提言には、減税の「げ」の字もありません。むしろ、それとはまったく反対のことが書いてあります。

〈二．経済社会基盤の強化
（一）財政健全化・社会保障制度改革
経団連は、二〇二〇年度のプライマリーバランス黒字化に向けた「経済・財政再生アクション・プログラム」の着実な実行を働きかける。特に、二〇一八年度の診療報酬・介護報酬の同時改定や、「経済・財政再生計画改革工程表」における二〇一七年度の検討事項に関する議論などを通じて、社会保障給付の適正化・効率化、制度の持続性確保を求めていく。二〇一九年一〇月の消費税率再引き上げの確実な実施を目指して、その必要性の周知を図る。また、官民挙げて、健康立国の実現に取り組む〉（※傍線は筆者による）

消費税増税の確実な実施を目指す、そうです。この一文だけ読めば、経団連が本気で消費を喚起する気などないことが分かります。

しかし政府のなかにあって唯一、安倍総理だけは、増税がどれだけ経済に悪影響を及ぼすか、よく分かっており、増税派との暗闘を繰り広げています。

が、自民党や政府のなかにいる人の圧倒的多数が増税派。減税など口にすれば政争が起こってしまうため、安倍総理も建て前上「二〇一九年に予定通り増税する」としかいえません。増税を二回延期したとき、衆議院を解散して選挙をしたのは、圧倒的多数である増税派を黙らせるためだったのです。

本来、経済団体に期待されることは、政治的な事情に関係のない立場で、正論をいうということではないでしょうか。その正論とは、彼らにとっては商売繁盛《はんじょう》につながるものであっても構いません。しかし商売繁盛とは、国民にとっての経済厚生を高めることと、イコールであるはずです。

ところが経団連は、安倍総理ではなく、その他大勢の増税派のみなさんとお友達。だから増税派の考えに染まって、消費喚起とは矛盾《むじゅん》する増税を平気で提言してしまうのです。

このレポートの表題にもなっている「GDP六〇〇兆円経済への確固たる道筋をつける」ためには、増税は絶対にやってはいけません。ところが、これが単なるかけ声で、本当はそんなのどうでもいいと思っているからこそ、増税の確実な実施などという正反対のことがいえるわけです。

租税特別措置と経団連企業の関係

なぜ経団連がこんな風になってしまうのか？　その理由は、やはり組織が古すぎることにあるのではないかと思います。

経団連を構成する企業は未だに製造業主体であり、特に幹事は大企業ばかりです。ベンチャー企業と違って、大企業の経営者にはシニア層が多く、特にメーカーの場合、社内に陋《ろう》習《しゅう》というべき序列があって、若手が抜擢《ばってき》されることは希です。

名前は伏せますが、ある大手電機メーカーの場合、グループ会社の社長になるためには、ある重電部門の名門工場出身であることが条件です。もちろんこれは明文化されない不文律、時代錯誤《さくご》のルールですが、未だにそんなことをやっています。

巨大な機械を作る工場で職務経験を積むと、エアコンやパソコンを上手に作って、たくさん売れるようになるんですね？　迷信もみんなで信じれば宗教になる。昔はそれでも一ドル＝三六〇円の超円安でしたから、輸出されたものは何でも売れたのでしょう。そんな古き良き時代を引きずった人たちが集まっているのが経団連なのです。

とはいえ、こんなしょうもない経団連に勝てる経済団体が、未だありません。経団連を脱退した三木谷氏は新経連を立ち上げましたが、その規模は経団連に劣ります。

もちろん、対面原則・書面交付原則の撤廃（いわゆるデジタルファーストの実現）や、フィンテック（FinTech＝金融×IT）対応のための銀行法改正、民泊対応のための新法、大学英語における外部試験活用の英語教育改革、二〇二〇年からのプログラミング教育の必須化など、数々の政策提言が実現し、それなりの存在感は保っています。しかし、加盟企業の規模、政府与党とのパイプ、どれを取ってみても、まだ経団連の存在感のほうが圧倒的に上です。それだけ既得権の壁は分厚いということでしょう。

その分厚さを示す証拠として、租税特別措置というものがあります。この制度は、何らかの政策目的を実現するため、特定の条件を満たした個人や企業に税負担の軽減や加重を行う措置だとされています。しかし実際には、経団連の中核を成す製造業を中心とした大企業を

図表20 企業規模別にみた1件当たり減税額(試算)

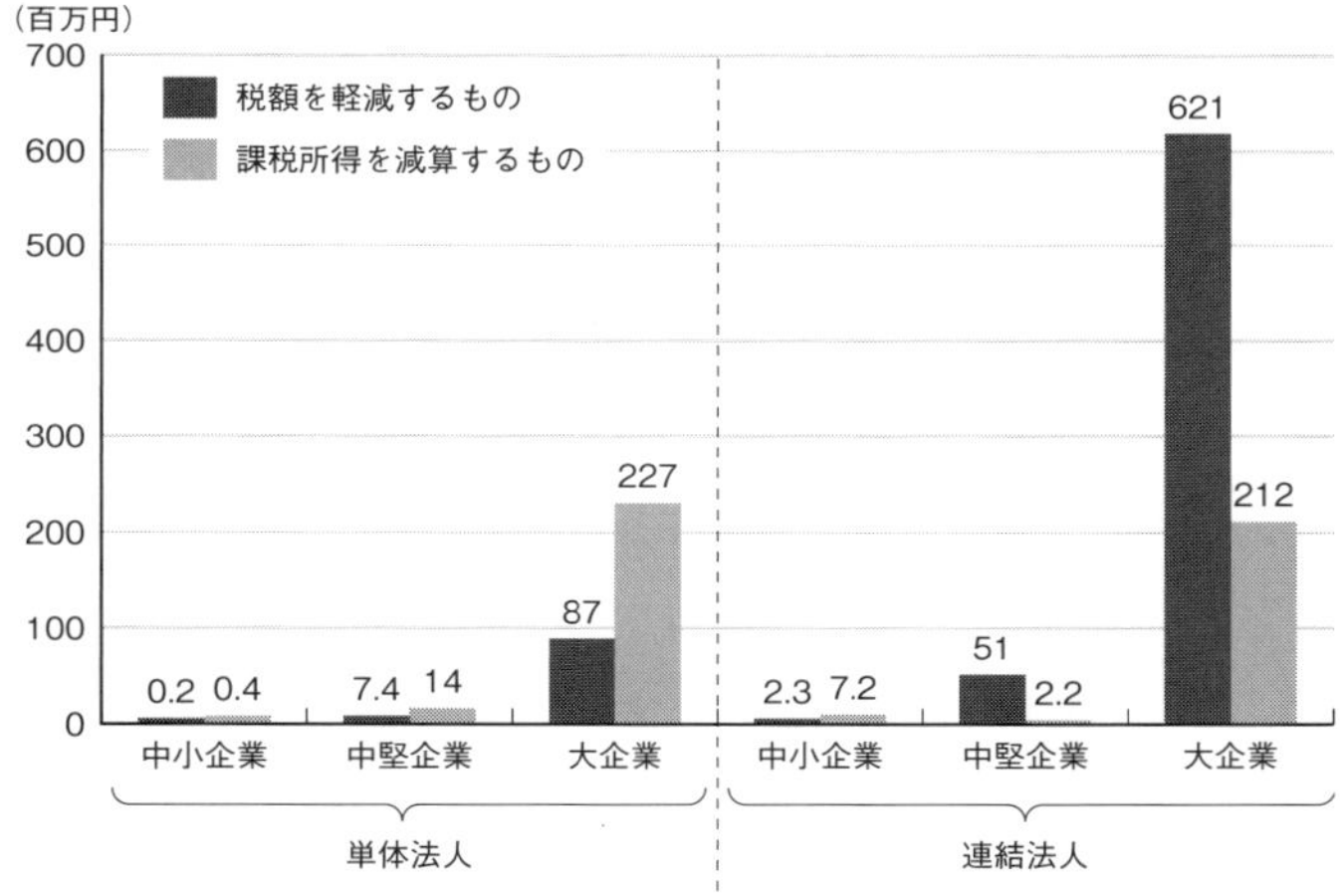

データ出所:財務省「租税特別措置の適用実態調査の結果に関する報告書」をもとに日本総合研究所作成
注:企業規模は資本金基準。中小は1億円以下、中堅は1億円超~10億円以下、大企業は10億円超

優遇する制度になっています。

まずは図表20をご覧ください。この制度によって、どれぐらい税金を免除されたのか、企業規模別に表したものです。

売り上げの多い大企業で免税額が多くなるのは、当然かもしれません。しかし減税率で見た場合でも、大企業が三・六%も減税されているのに対し、中小企業は二・七%しか減税されていません。また、業種も大幅に偏っており、トップ5《ファイブ》は化学工業、鉱業、光学機械器具等、金融保険業、石油製品となっています。

二〇一八年初頭の経団連会長は榊原定征氏で、東レの出身者でした。その前の会長の米倉弘昌《よねくらひろまさ》氏は住友化学、さらにその前の会長の御手洗冨士夫《みたらいふじお》氏はキヤノン出身でした。租税特別措置を受けている業種と、出身企業が、見事に重なっています。

それもそのはず、これらの租税特別措置の多くは、一九六〇年代から七〇年代にかけて、主に当時の官僚たちと経団連が二人三脚で作り上げてきたものだからです。

たとえば「特定業種等支援」の租税特別措置は全部で二一ありますが、そのうち一九七〇年以前にできたものが九つ、一九七一年から一九八〇年までのあいだにできたものが三つ、一九八一年から一九九〇年までにできたものが一つとなっています。一九九〇年までにできたということは、少なくとも四半世紀以上前の遺物ですが、これだけで「特定業種等支援」の半数以上を占めているのです。

特に一九七〇年以前にできたものは、高度経済成長期の状況を前提とした税優遇措置であり、二〇一〇年代も終わりかけたいま、本当に必要なのかどうかは疑問です。

ところが役所は、たくさんの制度を作っても、作りっぱなしで廃止することをしません。その結果、租税特別措置は、どんどん増えてしまいました。きっと役人には、天下りなどの下心もあるのでしょう。

財務事務次官を招く新聞社の狙い

現在でも、消費税の増税の際、自分たちだけに軽減税率の適用を求める身勝手な運動をしている業界がありますね。そう、新聞業界です。たとえば「読売新聞」が財務省事務次官だった丹呉泰健《たんごやすたけ》氏と勝栄二郎《かつえいじろう》氏を相次いで監査役として迎え入れたのも、軽減税率に向けた布石といわれています。

そんな新聞社も経団連と同じで、増税推進派です。特に「朝日新聞」は、およそ経済学的に根拠のないトンデモ理論を掲げ、増税を煽りまくっています。しかも、こともあろうに金融緩和にまで反対……弱者の味方を標榜する「朝日新聞」が弱者を苦しめる経済政策を推進するという笑えない事態が発生しています。

その一例を紹介しましょう。「朝日新聞」の編集委員の原真人《はらまこと》氏は、二〇一七年八月一五日付の論説のなかで、次のような不思議な経済理論を開陳しました。

〈物価は景気が熱を帯びると上がるもので、物価を上げて景気を良くするというリフレ論というのは順序が逆転したヘンテコな理論なのである〉

物価と失業率のあいだには逆相関の関係があることが知られています。これはフィリップス曲線といって、経済学二〇〇年の伝統から導き出された誰も否定できない経済の掟です。

原氏はこのことに無知なばかりか、物価上昇の基本的なメカニズムも分かっていません。

貨幣量をコントロールするのは中央銀行の役割であり、モノに対して貨幣が不足すれば、物価は下がります。日銀が二〇一三年から一貫して行っている量的緩和は、この貨幣不足の状態を解消するための正しい施策です。原氏のようなトンデモを除いて、ノーベル経済学賞を受賞したポール・クルーグマン、ジョセフ・スティグリッツ、クリストファー・シムズなどの名だたる経済学者が、この政策が正しいと述べています。加えて、左翼が大好きだった、あのトマ・ピケティ氏ですら……。

にもかかわらず原氏は、金融緩和の行き過ぎには政府の財政健全化の意欲をなくさせるなどの弊害がある、と主張します。原氏の主張とは裏腹に、アベノミクスの成果によって政府の純債務は着実に減少し、二〇一七年の時点で財政再建など終わってしまったのに……。「朝日新聞」という大新聞は、リベラルな弱者の味方を装いながら、実際には弱者のことなどまったく考えていません。そして不思議なことに、労働者と対立する経団連が主張していることと、まったく同じことをいっているわけです。

いまでこそ新聞業界の軽減税率の適用に向けた露骨な政治運動は、ネットなどによって簡単に露見しますが、租税特別措置が作られた五〇年前だと、話は別です。当時はインターネットやSNSなど存在せず、日本にはコンプライアンスという単語すらありませんでした。

新聞さえ書かなければ、霞が関の官僚と大企業の経営者は、それこそやりたい放題だったのです。

もちろん当時の大新聞は、そのことを知りつつ沈黙を守りました。彼らが未だに官僚や大企業の意向を忖度《そんたく》しているのは、この頃からの習性なのかもしれません。ハッキリいいましょう、日本の大新聞は権力の犬です。

経団連は官僚と癒着し税で便宜を

一九九六年に上梓《じょうし》されたテリー伊藤《いとう》氏の『お笑い大蔵省極秘情報』（飛鳥新社）という本のなかに、当時の大蔵省キャリア官僚の証言として、「朝日新聞、共同通信、読売新聞、全部国有地を極端な安値で払い下げてもらって、いまの社屋が建っているわけ」という台詞《せりふ》が出てきます。

官僚がマスコミのみならず自分が規制している業界と癒着していることは、その後に発覚したさまざまな事件を見れば、事実のようです。

経産省も厚労省も、そして二〇一七年の加計学園問題で獣医師会や既存の獣医科大学とのズブズブの癒着関係が暴露された文部科学省も、似たようなものだったのです。

経団連は民間企業の集まりであるにもかかわらず、古くから官僚と癒着し、税制面や規制などで多くの便宜《べんぎ》を図ってもらっていました。民間企業のくせに政府の顔色を窺う、とても変な団体に成り下がっている理由は、まさにこれ……安倍総理があれほど従業員の給料を上げるように働きかけても反応が鈍い理由も、何となく分かるような気がします。

民間企業としての利益を追求するなら、いつまでも増税派と癒着していないで、彼らにいうべきことをいうべきなのですが、半世紀をかけて培《つちか》われた習性を簡単に変えることは困難です。

第三章　日本人の働き方が悪いのか

Q10

最近流行のワーク・ライフ・バランスって、嘘なんですか？　ぜんぜん休めないんですけど。

A10

経団連の経営者たちはデフレを見越し、やったフリだけしているのです。

ワーク・ライフ・バランスの嘘

〈誰もがやりがいや充実感を感じながら働き、仕事上の責任を果たす一方で、子育て・介護の時間や、家庭、地域、自己啓発等にかかる個人の時間を持てる健康で豊かな生活ができるよう、今こそ、社会全体で仕事と生活の双方の調和の実現を希求していかなければならない。

（中略）いま、我々に求められているのは、国民一人ひとりの仕事と生活を調和させたいという願いを実現するとともに、少子化の流れを変え、人口減少下でも多様な人材が仕事に就けるようにし、我が国の社会を持続可能で確かなものとする取組である〉

（内閣府「仕事と生活の調和（ワーク・ライフ・バランス）憲章」）

素晴らしいお言葉です。ワーク・ライフ・バランスって、少子化の流れを変えるためにあるんですか。初めて知りました。

それはさておき、この憲章によれば、仕事と生活の調和が実現した社会の具体像は次の三つになるそうです。

〈一　就労による経済的自立が可能な社会

経済的自立を必要とする者とりわけ若者がいきいきと働くことができ、かつ、経済的に自立可能な働き方ができ、結婚や子育てに関する希望の実現などに向けて、暮らしの経済的基盤が確保できる。

二　健康で豊かな生活のための時間が確保できる社会

働く人々の健康が保持され、家族・友人などとの充実した時間、自己啓発や地域活動への参加のための時間などを持てる豊かな生活ができる。

三　多様な働き方・生き方が選択できる社会

性や年齢などにかかわらず、誰もが自らの意欲と能力を持って様々な働き方や生き方に挑戦できる機会が提供されており、子育てや親の介護が必要な時期など個人の置かれた状況に応じて多様で柔軟な働き方が選択でき、しかも公正な処遇が確保されている〉

現在の日本の社会がまだそこまで来ていないからこそ、これを目標として掲げる必要があります。では、この理想型を一〇〇点満点として、いまの日本は、どの程度まで達成しているのでしょうか？　各種データから確認しておきましょう。

まずは、一つ目の「就労による経済的自立が可能な社会」についてです。これについては失業率や就業者数のデータを見ればすぐに答えが出ます。ご存じの通り、安倍政権が誕生して以降、失業率は劇的に改善し、就業者数は大幅に増えました。だから満点なのかといえば、必ずしもそうではありません。

私が問題にしたいのは第二次安倍内閣が誕生した時期です。それは二〇一二年一二月でした。で、内閣府が「仕事と生活の調和（ワーク・ライフ・バランス）憲章」を制定したのはいつでしょうか？　なんと二〇〇七年一二月一八日でした。それは、第二次ではなくて、第一次のほうの安倍内閣が同年九月に退陣し、福田康夫《ふくだやすお》内閣が誕生して間もなくのことです。

では、この憲章の制定以降、失業率はどう変化したでしょう？　二〇〇七年の失業率は三・八三％でした。翌年、二〇〇八年は三・九八％、二〇〇九年は五・〇八％、二〇一〇年は五・〇六％と、かなり上昇しています。真の問題は就業者数。二〇〇七年に六四一二万人だった就業者数は、二〇一一年までずっと減り続け、六二四四万人になりました。

しかし、二〇一二年末に第二次安倍内閣が誕生すると、二〇一六年までの間に就業者数は一九六万人も増えました。失業率は三％を切って、二・八％です。

安倍政権誕生を境に、いったん一六八万人も減少した就業者が、一九六万人も増加した――このことは、団塊の世代の引退などの人口動態的な要因では説明がつきません。経済政策の転換が就業者の増加をもたらした、それが答えだと思います。

「仕事と生活の調和（ワーク・ライフ・バランス）憲章」は福田内閣が制定し、その後、麻生内閣も民主党政権もこれを踏襲《とうしゅう》したはずでした。しかし、まったく成果を上げられませんでした。果たしてこの憲章に意味はあったのでしょうか？　やはり一番意味があったのは、アベノミクスであったといわざるを得ません。

皮肉にも、「就労による経済的自立」は、ワーク・ライフ・バランス憲章とは関係なく、安倍政権のマクロ経済政策によって達成されたわけです。

実際、厚生労働省が発表した二〇一六年度の「全国ひとり親世帯等調査」を見ても、雇用環境の改善から、二〇一一年度に比べ、正社員の母親の比率が四・八％増の四四・二％となり、世帯の平均年収が五七万円も増えています。それに伴い、生活保護を受ける母子家庭も三・二%減少し、一一・二%になりました。

経団連と官僚の既得権は保育園でも

「仕事と生活の調和（ワーク・ライフ・バランス）憲章」が制定されたにもかかわらず、有給休暇の取得率が低いという問題は、長期間にわたって改善されていません。二つ目の「健康で豊かな生活のための時間が確保できる社会」は、未だに実現していないと見ていいでしょう。

三つ目の「多様な働き方・生き方が選択できる社会」についても検証しておきましょう。「子育てや親の介護が必要な時期など個人の置かれた状況に応じて多様で柔軟な働き方が選択でき」る世の中に近づいているといえるでしょうか？

共働き世帯の増加、シングルファーザーやシングルマザーの増加、そして何よりも核家族化によって、保育園需要が爆発的に増大しています。二〇〇〇年以降は、特に保育サービスの供給が、継続的に足りていない状況です。その結果、深刻な待機児童問題が発生しています。まずはデータを見てみましょう（図表21参照）。

保育園の受け入れ人数は増えているのに、待機児童はまったく減っていません。ちなみに、四月は卒園生がいるため受け入れ人数が多く、その分待機児童は減ります。が、一〇月

図表21　平成27年4月の待機児童数とその後（10月）の状況について

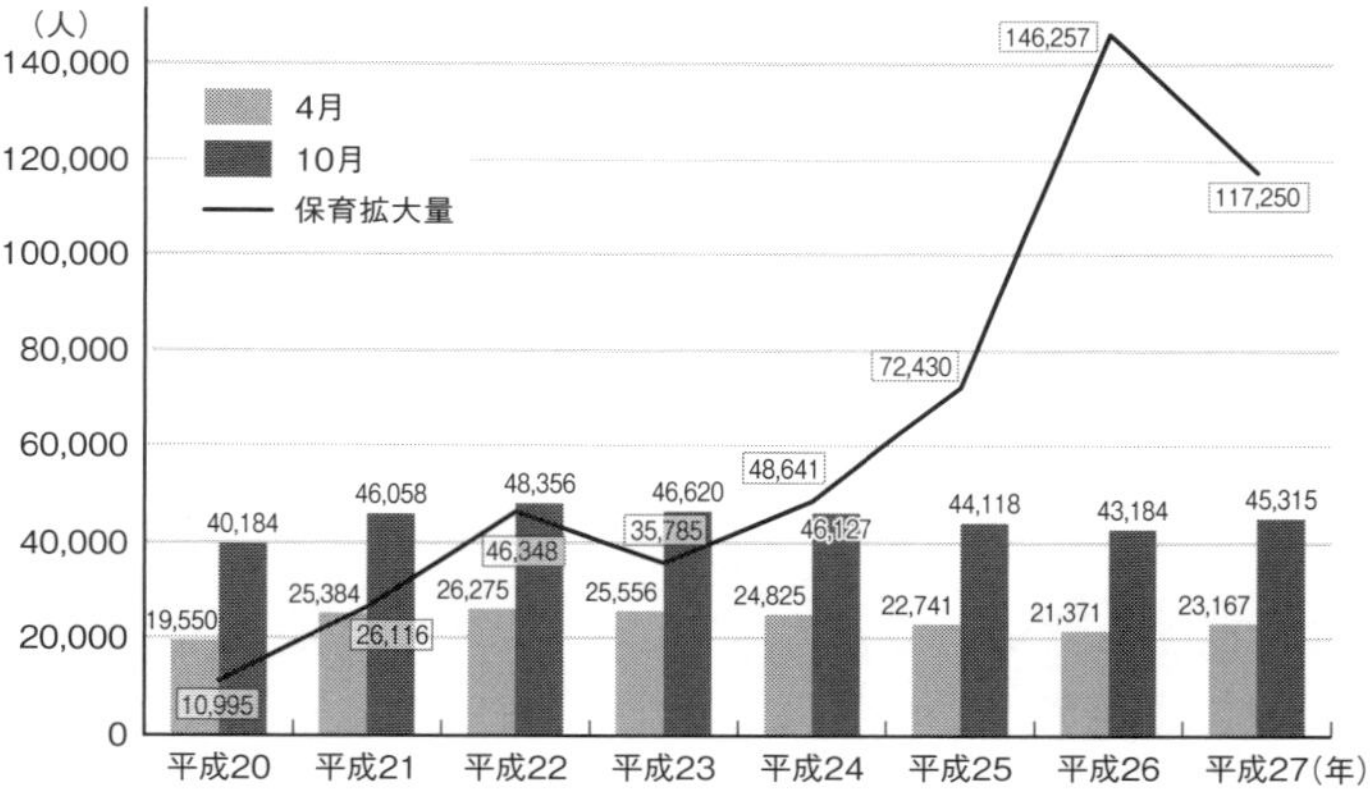

データ出所：厚生労働省「平成27年4月の待機児童数とその後（10月）の状況について」

はすでに満員のところに欠員募集するため受け入れ人数が少なく、その分、待機児童は多くなります。ワーク・ライフ・バランス憲章まで作ったにもかかわらず、状況がまったく改善していないのはなぜでしょうか？

　そもそも待機児童が発生する原因は、市場の需要に対して供給が少な過ぎるからです。通常それだけ超過需要が発生すれば、多くの人が利益を得ようと保育園を開業し、供給が増えるはず。その結果として超過需要は供給の増加に吸収され、市場は最適化されます。これが市場による調整メカニズムというものです。

　たとえば、ラーメンを食べたい人が五万人いるのに、ラーメン店が五軒しかなければ、どんなマズイ店でも一杯三〇〇〇円でラーメンを売れるでしょう。ところが、そんなに高くラーメンが売れるという噂を聞いた人々は相次いでラーメン店を開業し、ラーメン店がたちまち五〇〇軒に増えます。結果、ラーメン店の競争が激化し、マズくて高い店はどんどん潰れ、五〇軒が残りました……市場メカニズムというものを簡単に説明すると、こうなります。

ところが、日本の保育園市場においては新規参入のハードルは極めて高く、にわかに保育園を開業しようとしても、まったく認可が下りません。認可保育園が多額の補助金をもらえるのに対し、無認可保育園はほとんど補助金をもらえないため、まともに勝負しても勝てません。結果的に、保育園に新規参入しようとする人は誰もいませんでした。

最近では補助金の要件を緩め、新規参入を促す措置《そち》が採られていますが、それでも民間企業の感覚でいえばハードルは高く、都心の二階より上にある空きスペースなどで開業するのはとても難しい状況です。結局、全体の受け皿を増やしても、実際に不足している都心部には保育園が増えず、状況がまったく改善しないのです。

なぜ、こんな無駄なことが続いているのか？　その理由は、保育園業界が巨額の補助金と天下りによって構成される巨大な既得権となっているからです。

既存の保育園にとって、政府が超過需要を放置することは望ましいことです。ライバルになりそうな新興保育園を規制によって参入制限し、価格競争はせず、独占価格を維持できるわけですから、こんなオイシイことはありません。

経団連と官僚がズブズブになっている既得権のビジネスモデルについて、すでに指摘してきましたが、実は保育園業界でも、これとまったく同じことが成り立っていたのです。民間企業と社会福祉法人、経産省と厚労省の違いはありますが、やっていることはまったく同じ。その結果、多くの子育て世代が保育園難民となり、犠牲を強いられるということになります。

もちろん、企業内保育園などの取り組みもありますが、問題の大きさに比べると、その解決力は一桁小さいといえるでしょう。実際に現場で働く人に聞いたところ、企業内保育園を維持するためには、利用者への課金だけだとトンデモない費用になってしまうので、企業からの補助が必須とのことでした。

最近は国も補助金を出していますが、その範囲内で受け入れられる定員は限られています。大企業ならいざ知らず、中小企業がこれをやるのはなかなか難しいのが現実。特に、最も手がかかるゼロ歳児から三歳児ぐらいまでの定員は、まったく足りません。これは企業内保育園であっても変わらないそうです。

子どもの預かり手がいなければ家族の誰かが面倒を見なければならず、フルタイムで働く

れほど一筋縄ではいかないということです。

のを諦《あきら》めたり、そもそも働くこと自体を止めたりしてしまうこともあります。果たして、これがワーク・ライフ・バランスでしょうか？　憲章を制定するのは結構ですが、結局、既存の認可保育園と厚労省の形成する既得権にメスを入れなければ、この問題を根本的に解決することはできそうにありません。

そもそも、文科省の既得権である幼稚園と、厚労省の既得権である保育園を、一体的に運用しようという「幼保一体化」ですら、あまりうまく行っていません。役所間の調整は、それほど一筋縄ではいかないということです。

デフレで働き方はどうなる

結局、内閣府の憲章はかけ声だけ……実際の政策は、既得権を壊さない範囲でこぢんまりと行われているに過ぎません。政府がこの程度ですから、企業側のワーク・ライフ・バランスにかける意気込みも、やはり掛け声だけです。基本的には各社横並びで、周りを見ながら小出しにやっているだけのように見受けられます。

たとえば、二〇一五年一二月二五日に電通の社員だった高橋《たかはし》まつりさんが過労による自殺で亡くなった事件を受けて、「働き方改革」なるものが大企業のなかに広がっていきました。直接のキッカケは、それまでサービス残業など見て見ぬフリをしていた労働基準監督署が、この事件を機に突如、締め付けを厳しくしたことにあります。

役所の監督が厳しくなると、企業経営者も渋々動きます。では、何をやっているのか？　多くの会社でやっていることは「働き方改革」という名の強制帰宅です。

ある証券会社の場合、ほぼ例外なく午後七時には退社することが義務づけられたそうです。これまでは、「俺は仕事をしているのに、もう帰るのか？　いいなぁ、仕事できるヤツは」などと嫌味をいって社員の早帰りを阻止していた部長連中が、「会社にだらだらと居残るヤツは、世間にうちの会社はブラック企業と宣伝するテロリストと同じだ！」などと突如として言い出す始末……その会社の社員に聞いたところ、「鬼畜米英がギブミーチョコレートに変わった如く、ある意味、典型的なバカな日本人」と、その朝令暮改《ちょうれいぼかい》ぶりに呆《あき》れていました。

――これが経団連に属する大企業の典型です。

証券会社の場合、年収一〇〇〇万円以上稼ぐ専門的な職務に関わっている人がたくさんいます。こういう人たちは時間で仕事をしているわけではなく、アウトプットとして出てくるレポートや実際のディーリングなどの結果が評価され、それだけの給料をもらっています。本来、こうした高給取りの専門職には裁量労働制を適用し、気が済むまで仕事をしてもらうべきではないかと思いますが、経団連企業は、一律の対応しかできないようです。

とはいえ、監督官庁の締め付けが厳しくなったといっても、未だに法律の網の目をくぐって長時間労働をさせている会社もたくさんあります。HR総研が二〇一六年一一月に行った調査によると、「過去一年以内に時間外労働が月八〇時間を超える社員がいる」と答えた企業が五四%という結果になったそうです。

強制退去措置をしなければ元の長時間労働に戻ってしまう……なんとも悲しい習性としかいいようがありません。

このような状況下、経団連が予想している未来が実現すれば、日本は再びデフレに戻ることが確実です。デフレは失業を増加させ、働く人の負担を重くします。

現時点でも、ワーク・ライフ・バランスは、やっと半歩ぐらい前に進んだ程度。この状態のまま二〇一九年に消費税を増税してデフレに戻ってしまったら、その半歩の歩みは、すぐに帳消しになるでしょう。

経団連に集まる大企業の経営者たちはそんなことを見越して、ワーク・ライフ・バランスなどやったフリをしていればいいと思っているのでしょうか？　だとしたら、背筋が寒くなる思いです。

Q 11
日本企業の生産性が上がらない本当の理由は何ですか？

A 11
需要不足です。働き方を変えてもあまり解決にはなりません。

日本の労働生産性は低いのか？

日本の労働生産性が低いと、長年いわれています。労働生産性を表す国民一人当たりのGDPを、客観的なデータとして確認しておきましょう。OECD加盟諸国との国際比較は、次ページの図表22にあるとおりです。日本の労働生産性は、いわゆる先進国のなかでは、ほぼビリであることは間違いないようです。

その原因については、会議が長いとか、だらだら残業しているとか、主に日本人の働き方に原因があるという指摘が為されています。確かに、そういう面はあるでしょう。しかし、同じ資料のなかにある図表23のグラフを見ると、別の印象を持つかもしれません。このグラフは一九七〇年代からの日本の労働生産性ランキングの推移を表したものです。

図表22　OECD加盟諸国の1人当たりGDP（2015年／35ヵ国比較）

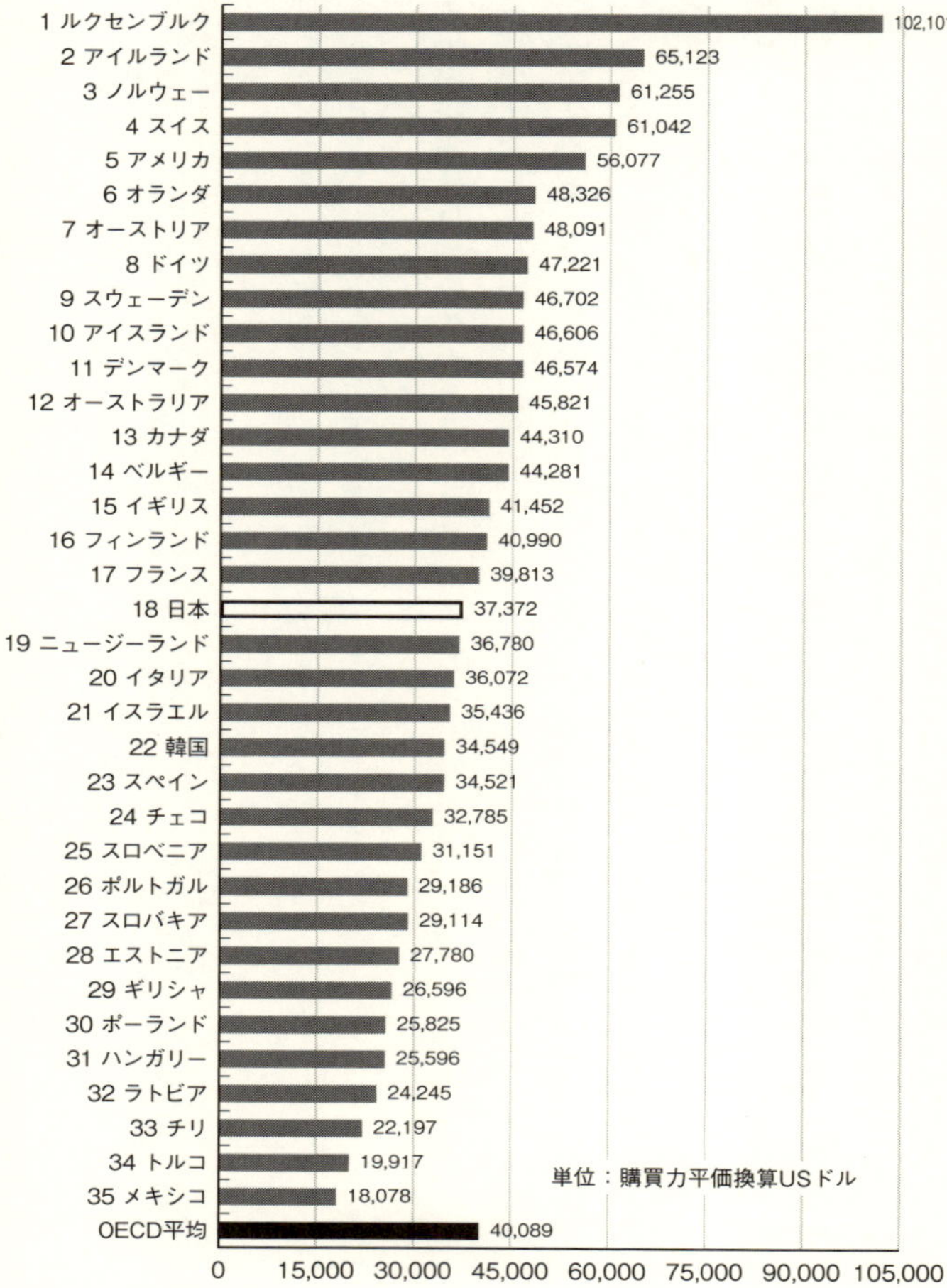
1 ルクセンブルク 102,101
2 アイルランド 65,123
3 ノルウェー 61,255
4 スイス 61,042
5 アメリカ 56,077
6 オランダ 48,326
7 オーストリア 48,091
8 ドイツ 47,221
9 スウェーデン 46,702
10 アイスランド 46,606
11 デンマーク 46,574
12 オーストラリア 45,821
13 カナダ 44,310
14 ベルギー 44,281
15 イギリス 41,452
16 フィンランド 40,990
17 フランス 39,813
18 日本 37,372
19 ニュージーランド 36,780
20 イタリア 36,072
21 イスラエル 35,436
22 韓国 34,549
23 スペイン 34,521
24 チェコ 32,785
25 スロベニア 31,151
26 ポルトガル 29,186
27 スロバキア 29,114
28 エストニア 27,780
29 ギリシャ 26,596
30 ポーランド 25,825
31 ハンガリー 25,596
32 ラトビア 24,245
33 チリ 22,197
34 トルコ 19,917
35 メキシコ 18,078
OECD平均 40,089
単位：購買力平価換算USドル
0
15,000
30,000
45,000
60,000
75,000
90,000
105,000

データ出所：日本生産性本部

図表23　主要先進7ヵ国の国民1人当たりGDPの順位の変遷

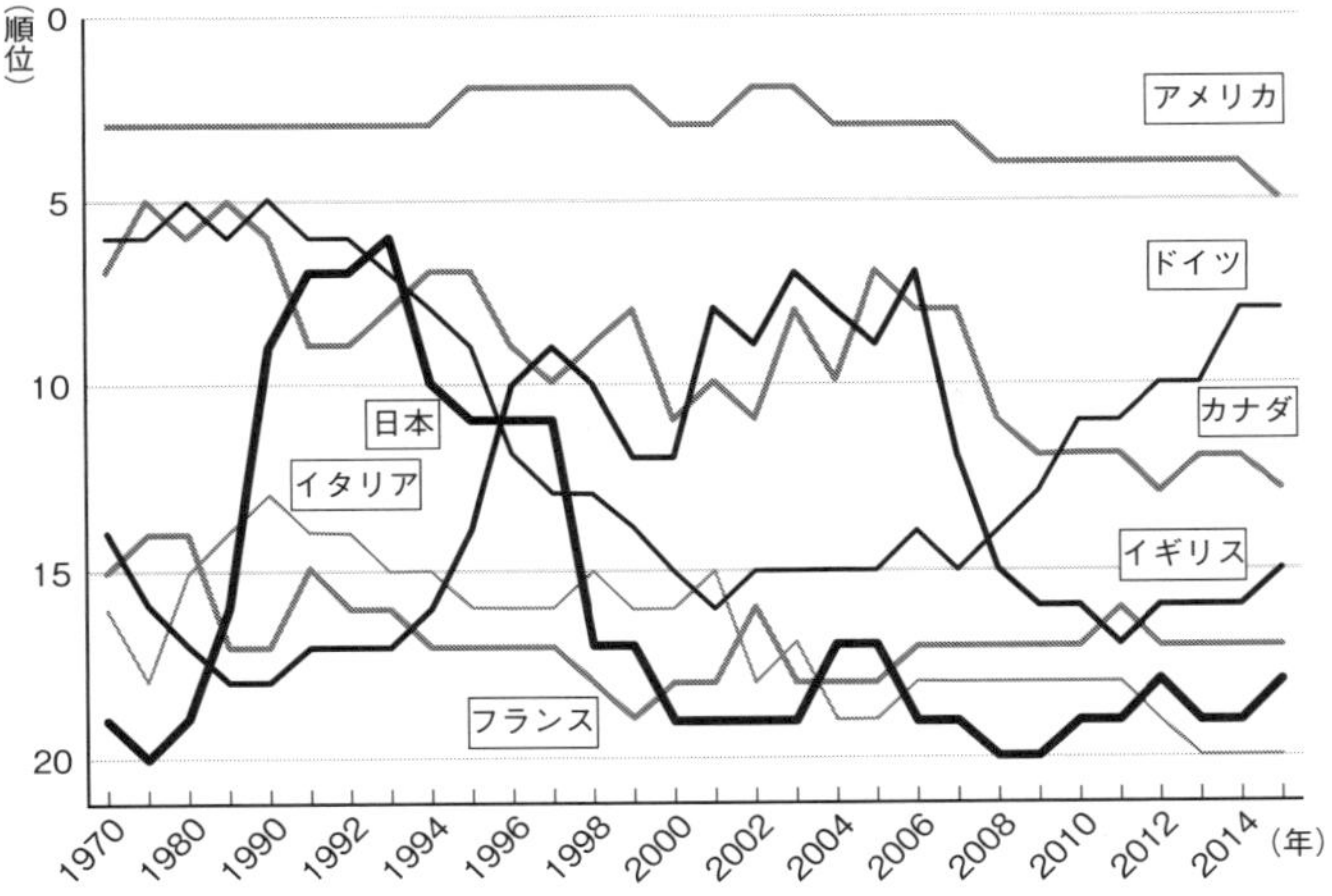

データ出所：日本生産性本部

一九八五年以降、日本の労働生産性は急上昇し、一九九〇年から一九九三年のあいだは、OECDのトップ10《テン》に入っていました。ところが一九九四年と一九九八年に大幅なランクダウンがあり、そのまま二〇位前後を低迷する状態が続いています。

もし、この現象を働き方だけで説明するなら、「一九九〇年から一九九三年の四年間だけ特別な働き方をして生産性が上がり、その後、その働き方を忘れて生産性が下がった」ということになります。

では、この時期に社会人だったいまの五〇代以上の人にヒアリングするとそんな答えが返ってくるでしょうか？

もちろん、そんなことはありません。ちょうどバブル経済の余韻が色濃かったこの時期、働き方は、まさに昭和の延長でした。携帯電話も、パソコンも、インターネットもなかった当時は、現在と比べものにならないぐらい効率の悪い働き方をしていたのです。

むしろ一九九〇年代後半以降のほうが、パソコンやインターネットの普及で仕事の効率が飛躍的に向上しています。それにもかかわらず、ウィンドウズ95や98が爆発的に普及した一九九〇年代半ば以降から、日本の労働生産性が急激に下がっています。職場にパソコンが導入されて、みんながゲームに夢中になってしまったのでしょうか？

このころ社会人になっていた私が証言させていただきますが、そんなことは絶対にありません。むしろ、パソコンの導入で仕事の効率は飛躍的に向上し、それまで二～三人でやっていた仕事が一人でできるようになりました。しかし、そのような現場感覚とは裏腹に、日本の生産性が下がっています……。

生産性と不況の強い相関性

この点について、経済学者で上武《じょうぶ》大学教授の田中秀臣《たなかひでとみ》氏と専修大学教授の野口旭《のぐちあさひ》氏は、次のように指摘しています。

〈各種の推計による九〇年代の日本の潜在成長率は、せいぜい二%である。おそらく、これだけの低下が生じた一つの理由は、異例な長期不況によって新たな設備投資、研究開発投資が抑制され、それが生産性の上昇率を低下させたからである。そうだとすれば、長期にわたる総需要の不足は、単に「現実の成長率」だけではなく、潜在成長率をも引き下げたことになる〉

（『構造改革論の誤解』野口旭・田中秀臣著　東洋経済新報社）

また、田中氏は別の書籍のなかで、二〇〇四年の労働力調査の長期失業が失業全体の三〇%を超えていた事実から、以下のように結論づけています。

〈①不況レジームの継続の可能性による失業率の下げ止まりに加え、②構造的にも失業が改善しにくい状況を生み出し、長期的に日本の生産性を低下させる可能性を示唆《しさ》している〉

（『経済論戦の読み方』講談社現代新書）

野口氏と田中氏のいわんとすることは、「働き方だけで生産性を説明するのは無理」であり、日本の生産性が低い理由は「不況レジーム（緊縮病）」のせいである、ということです。別の言い方をすれば、要するに需要が不足している、ということになります。

ただ「需要が不足している」というと、「日本企業は魅力的な商品を作れなくなった」というステレオタイプの議論が始まります。が、これもまったく根拠がありません。一九九〇年代の前半に魅力的な商品を作りまくっていた日本企業が、一九九四年から急にそういう商品を作れなくなったのでしょうか？　バカも休み休みいったほうがいいですね。

労働生産性向上には総需要増を

世の中には、「生産性を上げるために働き方を変えろ！」という趣旨の本が溢《あふ》れています。しかし、これらの本の問題点はマクロ経済的な視点が欠けていること。しかも高い確率で、その著者は緊縮派。「日本は少子高齢化で、これ以上成長できない」という妄想を信じています。

彼らの言説に従うなら、「日本人が得られる経済のパイの大きさは決まっており、生産性を上げて多くのパイを得る人が豊かになり、それ以外は貧しくなる」ということになります。このような言説は、いってみれば「経済ハルマゲドン理論　働き方版」といえるでしょう。

たいへん始末の悪いことに、マスコミもこれに染まって、以下のような煽《あお》り記事を書きまくっています。皆さんも新聞などでお目にかかったことはないでしょうか？

〈働き方改革と生産性向上の方程式　杉野尚志氏

生産性向上が日本社会の重要テーマとなっている。日本生産性本部によると、二〇一五年の日本の時間当たり労働生産性は経済協力開発機構（ＯＥＣＤ）加盟三五カ国中二〇位であり、Ｇ７（先進七カ国）では最下位だ。Ｇ７で最も高い米国と比べると、日本の製造業は六九・七％、サービス業は四九・九％にとどまる。

（中略）多くの企業で働き方改革は人事主導、生産性向上は各職場に任されている。このままでは企業が達成すべき自己資本利益率（ＲＯＥ）などの中期経営目標の実現は容易ではない。生産性向上と働き方改革の連立方程式を解き、具体的活動につなげるべきだ。

それには事業や拠点ごとに、どれだけ生産性を改善しなければならないかを把握することが必要だ。

まずＲＯＥ目標を事業・拠点ごとの利益計画、売り上げや物量の計画に落とし込む。そしてこれを達成するのに必要な要員や人件費、労働時間を算定する。同時に、働き方改革で従業員の労働時間がどう減っていくかを予測する。

次にこれらをベースに（一）現在の生産性で売り上げ計画を達成するのに必要な労働力（二）利益計画を達成できる労働コスト（三）働き方改革実施後に得られる労働量――をは

じく。これによって部門ごとに生産性の改善目標を設定できる〉

（「日本経済新聞」二〇一七年六月七日付）

確かにこの記事のいうとおりにすれば、仕事の効率は良くなるでしょう。が、仕事の効率化以上に重要なのは仕事の量です。効率を良くしたからといって、仕事の量は増えません。「日本経済新聞」は、ドローン配達をすれば部数が伸びると思っているのでしょうか？　そもそも「日本経済新聞」は業界に先駆けて電子版を発行しましたが、全体の販売部数は落ち続けています。なぜ、こんな当たり前のことが理解できないのでしょうか？

働き方改革で労働生産性を向上させるというアプローチは、むしろ景気が良くなり過ぎて仕事が現在の人数ではこなせないという状況になったとき、初めて意味を持つのではないでしょうか？　日銀が物価目標を達成しておらず、なおかつ総需要が不足気味という状況下において、働き方改革による労働生産性向上は、あまり期待できません。

やはり、労働生産性を高めるなら、働き方改革よりも総需要を増やしたほうが手っ取り早い。なぜなら、生産性とは仕事の量を労働時間で割ったものであり、分子が二倍や三倍になれば、自ずと数値全体は上昇するからです。

名目GDPの増減で決まる生産性

お金の価値が将来的に高くなることが確実なら、どんな商品よりもお金のほうが魅力的です。いま節約してお金を貯め込んでおけば、将来、確実に勝てるわけですから。

こうして人々が商品よりお金のほうに魅力を感じるようになってしまうと、どんな素晴らしい商品も、商品である限り売れません。無理していま買わなくても、将来お金の価値が高くなれば、もっと安く買えるからです。このような状態こそがデフレです。

デフレが労働生産性に与える影響は、その計算式を見れば明らかです。

労働生産性＝名目GDP÷就業者数

労働生産性は、ある年の名目GDPを、同じ年の就業者数で割ることで求められます。名目GDPとは、その国が生んだ付加価値の合計。これは、その国の通貨で測った仕事の総量と言い換えてもいいでしょう。

たとえば、コンビニに一〇〇人の顧客が買い物に来る場合と、二〇〇人の顧客が買い物に来る場合を比べてみてください。従業員の数が同じなら、客数が多いほうが当然、仕事は忙

図表24　日本の名目GDP成長率推移

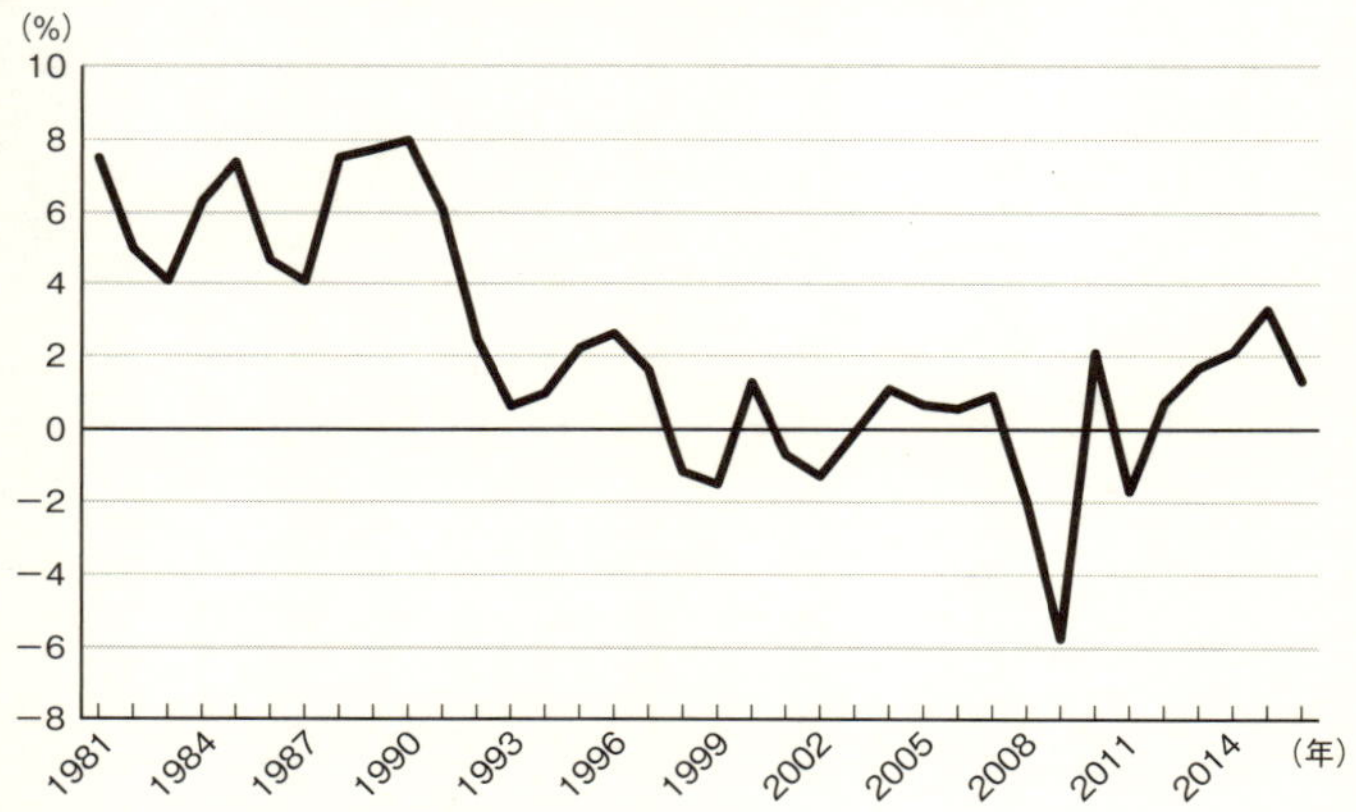

データ出所：内閣府「SNA（国民経済計算マニュアル）」

しくなります。すなわち来店者数が多い日のほうが労働生産性は高くなる。

逆に、来店者数が一〇〇人で変わらないとしても、応対する従業員の人数を半分にしてしまえば、労働生産性は向上します。この場合、たとえばＩＣタグを使ったセルフレジを導入するなどの省力化投資が有効です。

これを、先ほどの公式を使って日本全体で考えてみましょう。日本の労働生産性を高めるには、働く人数が変わらないまま名目ＧＤＰを増やすか、名目ＧＤＰはそのままで働く人数を減らすか、そのいずれかとなります。

しかし、労働法の労働者保護などにより、働く人の人数は増やすことはできても、減らすことはなかなかできません。結果として、名目GDPが増えるか減るかが、労働生産性を動かす最も重要な要素となります。

そのことは、過去の名目GDPの伸び率（図表24参照）と労働生産性ランキングを比べれば、一目瞭然《いちもくりょうぜん》です。日本の名目GDP成長率が四％以上あったころ、日本の労働生産性はOECDトップ10に入るぐらい向上し、それを下回ると、どんどんランクダウンしています。やはり名目GDPが伸びると労働生産性のランクが上がり、その反対は下がるのです。

働き方改革にはマクロ政策が必須

総需要を増やすこと、つまり名目GDP成長率を上げることは、難しいことではありません。なぜなら、働き方改革は国民全員が取り組まなければ成功しませんが、次の公式で求める名目GDPを増やすためには、政府と日銀がちょっとだけ頑張ればいいからです。

名目GDP成長率 ＝ 実質GDP成長率 ＋ 物価上昇率

実質GDP成長率とは、文字通り、私たちの頑張りです。日本人は基本的に毎年二〜三％ぐらい成長する力を持っています。しかし問題は、物価上昇率です。これは、一般庶民がいくら頑張っても、上げることはできません。物価を上げるためには貨幣を大量に発行する必要があり、その権限を持っているのは、政府と日銀だからです。

日銀の物価目標は年率二%に設定されています。日銀がこれさえ達成できれば、日本人の基礎体力である実質GDP成長率の二%と合わせて、名目GDP成長率は四%以上になるはず――これは、かつて日本の労働生産性が世界トップ10に入っていた頃の水準です。

まずは名目GDP成長率を昔と同じレベルに戻し、それでも達成できない部分があれば、働き方改革に頼ってみたらどうでしょう。なんでもかんでも一般国民に責任を押し付けないで、まずは政府と日銀が一丸となって、労働生産性の向上を目指すべきなのです。

私は働き方改革で労働生産性向上を主張する人に、ある種の鈍感さを感じざるを得ません。それは、金融緩和を批判する人に感じる鈍感さと同じです。

金融緩和の反対論者は、往々にして金融緩和を終了するときの出口戦略のリスクを強調します。ところが、デフレを完全脱却できずにさまざまな問題が起こっているという目の前の問題は、まったく目に入っていません。全員、眼科検診を受けたほうがいいと思います。

働き方改革で労働生産性の向上を目指す人も、政府と日銀という少数のプレイヤーが政策を変更すれば大方の問題は解決するのに、そのことをまったく問題視しません。やはり眼科検診が必要なのではないでしょうか。

第四章　日本の食とベンチャーが凄い

Q12 日本の基幹産業だったハイテク分野の大企業が軒並み低迷していますが、世界で戦える新しい分野がありますか？

A12 はい、アメリカのハリウッド映画のように、ソフトカルチャーは巨大産業に成長しますが、いま日本食にその可能性が見えます。

九年で三倍増した日本レストラン

最近、海外に行くと、日本食レストランがやたらと増えていることに気づきませんか？またニューヨーク・マンハッタンのグランドセントラル駅では、パックの寿司が売られています。そんな時代になりました。

海外から日本に来る観光客も日本での食事を楽しみにしているという調査があります。観光庁の訪日外国人消費動向調査（平成二九年七月〜九月期）によれば、全国籍・地域を対象に単一回答で聞いたところ、訪日前に最も期待していたことは、「日本食を食べること（二

図表25　海外における日本食レストランの数

日本食レストランは約2.4万店（2006年）→約5.5万店（2013年）→約8.9万店（2015年）に増加

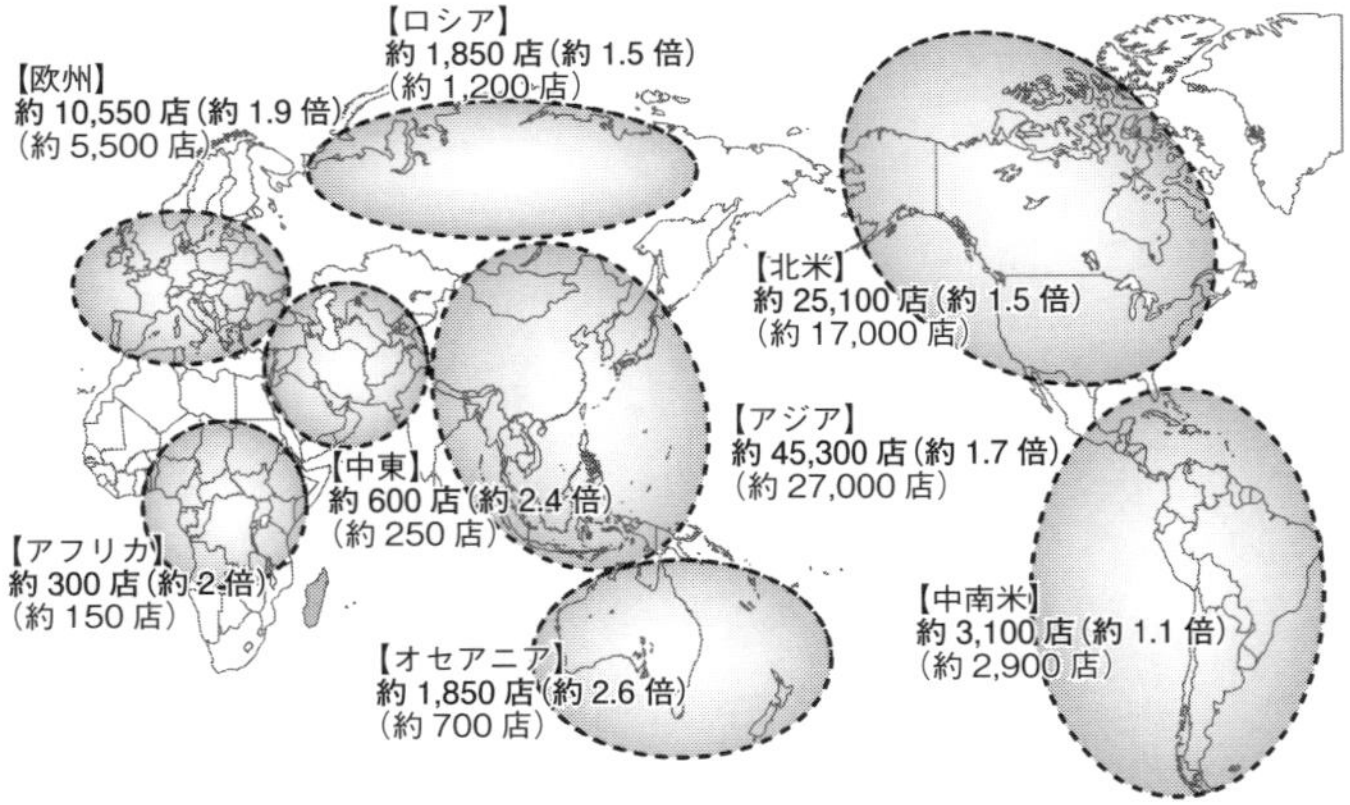

データ出所：農林水産省「海外における日本食レストランの数」からJETROによる図表化
＊数字は2015年時点。（ ）内は2013年時点

五・九％）」です。二位の自然・景勝地観光（一四・七％）、三位のショッピング（一三・四％）に圧倒的な差をつけて断トツの一位。しかも、「日本食を食べること」で満足した人の割合は九一・七％にも達しています。

バブル崩壊以降、デフレによる円高で製造業が苦しみ、日本の家電メーカーの世界的なシェアも落ち込む一方でした。ところが、そんな状況下にもかかわらず、なぜか日本食に対する世界的なニーズが増加していたのです。日本貿易振興機構（ＪＥＴＲＯ《ジェトロ》）の調査によると、二〇〇六年からの九年間で、海外における日本食レストランの数は三倍以上に増えています。

日本政府が主導した日本食推奨キャンペーンが成功したという話は特に聞きません。日本に来た外国人が、日本食のクォリティとコストパフォーマンスの良さに感動し、ＳＮＳなどを使って徹底的に拡散してくれた結果ではないでしょうか。

アメリカで日本食材の卸売りの仕事をしている人に話を聞きましたが、日本食レストランは増加傾向にあり、出汁《だし》、味噌、醤油、日本酒などの販売が増えているとのことでした。

もちろん、販売先のなかには日本人が経営していない怪しげな日本食を出すレストランもあるそうです。とはいえ、お金を払って商品を買ってくれるからにはお客様ですから、大切にしているとのことでした。

確かにニューヨークの寿司は、日本の江戸前寿司とは似て非なるものです。マンハッタンのブライアントパークホテルにある「Koi」という高級日本料理店で、板長《いたちょう》を務める浜崎《はまざき》さん曰《いわ》く、「ニューヨークの寿司をそのまま東京に持ち帰ると、無国籍料理に分類されるだろう」とのこと。日本人が握る寿司ですらそんな状況ですから、韓国人や中国人がオーナーの「なんちゃって日本料理」は、推して知るべしです。

しかし、それでも日本料理であることは間違いありません。結果として日本の食材が売れ、本場で日本料理を食べたいと思ってくれる人が増えれば、日本の外食産業にとっては大きなメリットがあります。

外食産業は国内より海外が楽？

政府からほとんど保護を受けてこなかった外食産業は、国内での厳しい競争で淘汰が進みました。むしろ国内での競争が厳し過ぎて、海外のほうが楽かもしれません。

たとえば丸亀製麺《まるがめせいめん》でおなじみのトリドールホールディングスは、二〇一一年、ハワイに海外一号店を展開したのを皮切りに、積極的な海外展開を進めてきました（次ページ図表26参照）。海外店舗は三三〇店を超え、二〇一七年三月期の有価証券報告書によると、海外事業の売り上げは五八億二六〇〇万円、利益は三億六三〇〇万円になるそうです。メディアや海外在住の日本人からの情報によれば、ハワイ、モスクワ、台北など、各地で行列のできる人気店です。

とはいえ、トリドールＨＤ全体の売り上げは一〇一七億円（二〇一七年三月期）ですから、海外の売り上げ比率は全体の五％強……まだまだ伸《の》び代《しろ》がありそうです。

「とんかつ新宿さぼてん」などでおなじみのグリーンハウスフーズも、二〇〇一年に海外一号店を展開しました。こちらはややペースが遅く、二〇〇九年に海外五〇店舗、二〇一二年に海外一〇〇店舗を達成し、海外一二七店舗（二〇一七年三月末）を数えるまでに成長しています。ただ、展開先は韓国六九店舗、台湾二九店舗と、やや偏りがあり、現在は、中国、

図表26　トリドールHD海外店舗数

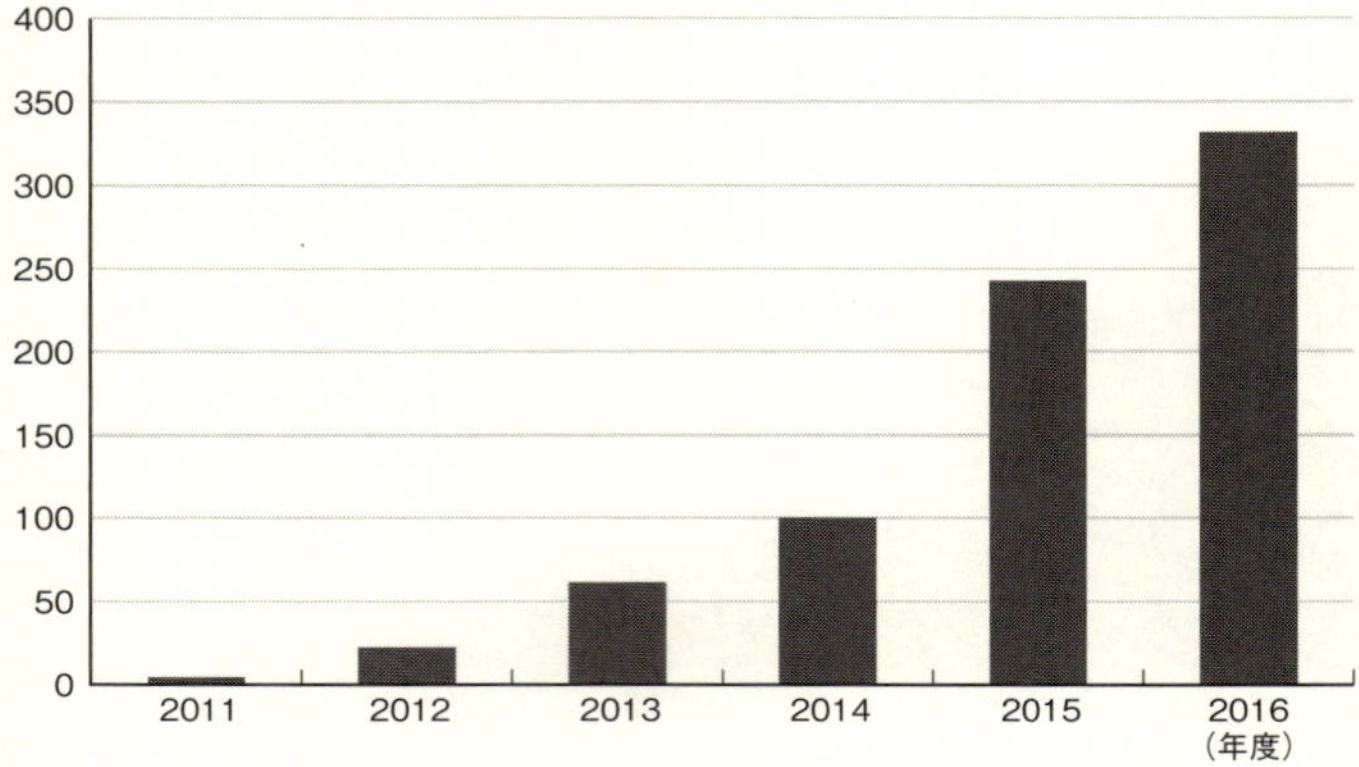

データ出所：トリドールHD「有価証券報告書」

図表27　吉野家の海外店舗数

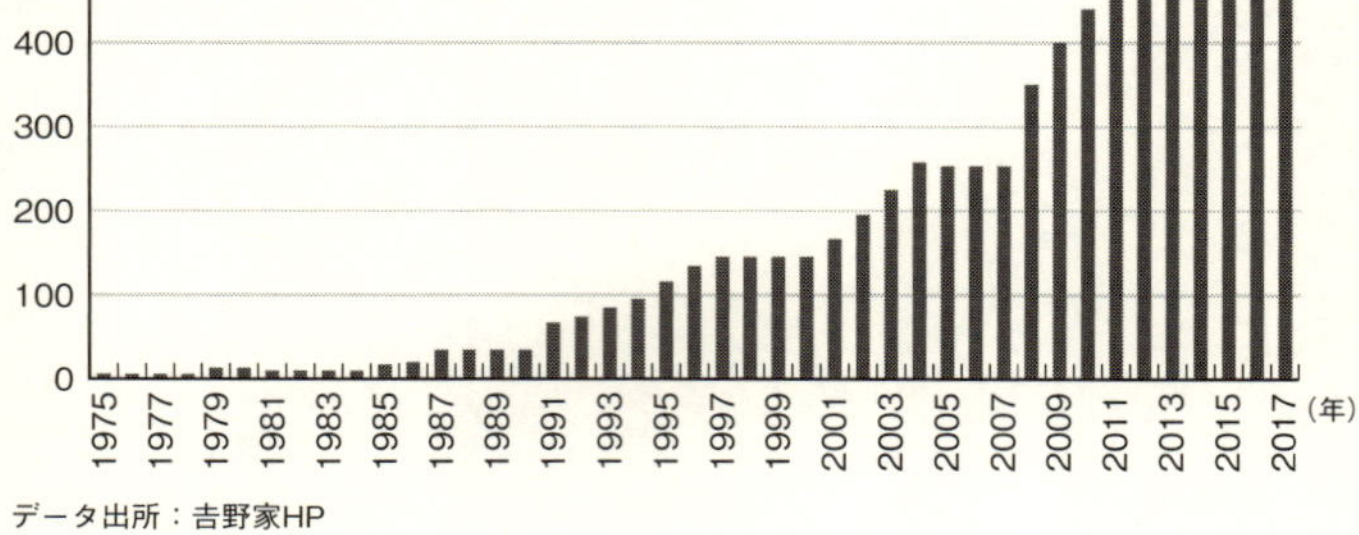

データ出所：吉野家HP

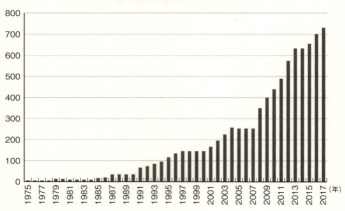

東南アジア、カナダに展開中とのことです。

最初の五〇店舗の展開には八年かかりましたが、次の五〇店舗の展開には三年しかかかっていません。やはり日本食ブームは強力なようです。

他の日本の外食チェーンの海外展開の状況も見ておきましょう。牛丼の吉野家は、一九七五年、アメリカに海外一号店を出店し、一九八六年にやっと二〇店舗になりましたが、その後大きな伸びを見せています（図表27参照）。

イタリアンや中華を抑えて一位に

この三社を見る限り、二〇〇九年ごろから海外に活路を見出し始めたように思えます。どうも日本食が、この辺りからブームになったような気もします。

その傍証になるかもしれないアンケート調査があります。二〇一四年三月にＪＥＴＲＯが発表した「日本食品に対する海外消費者アンケート調査　六都市比較編」という調査です。

この調査は、モスクワ、ホーチミン、ジャカルタ、バンコク、サンパウロ、ドバイの各都市で、以下の条件のいずれか（または両方）に該当する消費者を対象に行われました。

〈・過去に日本食品を購入あるいは日本料理店を利用したことがある

・今現在または今後、日本の食べ物や飲み物を買って、食べたり飲んだりしたい、あるいは日本料理店に行きたいと思う〉

その結果「好きな外国料理」で、なんと六都市の一〜三位合算で、「日本料理」が六六・三％と一位を獲得しました。二位は「イタリア料理」の四六・四％、三位は「中国料理」の四二・五％で、群を抜いています。その他、調査結果のサマリーは次のとおりです。

〈・好きな外国料理
↓日本料理が一位で突出。二位にイタリア料理、三位に中国料理と続く。日本料理は特にバンコク・ジャカルタで人気。
・日本料理が好きな理由
↓主な理由は「味の良さ」「健康に配慮」「洗練されている・高級感」。
・日本食品購入・日本料理店利用に関する経験および今後の意向
↓購入・利用経験率は全体として九割程度。特にバンコク・ジャカルタの購入・利用経験率が高い。
↓今後の購入・利用意向率は全体として九五％以上。特にバンコク・ジャカルタ・ホーチミンで購入・利用意向率が高い。
・日本料理のイメージ
↓「美味しい」「健康に良い」「おしゃれ」「安全」など総じてポジティブなイメージが強い一方、四割程度の回答者が「価格が高い」と回答。
・好きな日本料理
↓「寿司・刺身」「天ぷら」「ラーメン」などが上位。特に「寿司・刺身」はいずれの都市においても一位に挙げられている〉

外食産業が海外進出する理由は、一般的に、人口減少と少子化が進む日本国内から海外に活路を見出すため、といわれてきました。トリドールＨＤ、グリーンハウスグループ、吉野家の海外店舗展開のスピードを見る限り、リーマンショックがその傾向に拍車をかけたようにも見えます。しかし一番重要なことは、通奏低音のように鳴り響いていた海外の日本食ファンたちの「声なき声」だったのかもしれません。

ミシュランでもパリを抑えて一位

その鳴り響く通奏低音に、衝撃的なフレーズをかぶせてきたのはミシュランガイドではないでしょうか？

二〇〇七年一一月二二日に発売された『ミシュランガイド東京２００８』は、欧米以外で初めて発売された版でした。このとき三つ星を獲得した店が八軒で、世界ではパリの一〇軒に次ぐ二位。しかも星の獲得数では、東京の星の合計が一九一、パリが九七、ニューヨークが五四で、その数は圧倒的だったのです。日本の外食が、国際基準で見て、いかにクォリティの高いものであったかが客観化された瞬間でした。

しかも、あれから一〇年経っても、東京の不動の一位は揺るぎません。トーマス・コンベスコット・ルペル氏（「マンダリンオリエンタル東京」料飲部長）はＣＮＮのインタビューに答えて、次のように述べています。

「東京のフランス料理店に行くと、本当にパリにいるように感じる。料理、飲み物、食材、サービス、話し方も本物だ」「ピザ屋に行く場合でも同じで、本当にイタリアにいるような感覚が味わえる……これはすごいことだ」と。

オマージュ作品が原作を超える人気になってしまうことを「本家超え」といいますが、日本の外食産業においても、それが起こっているといっていいでしょう。しかも、ミシュランガイドによって火が点いた日本食ブームは、積極的に海外展開している外食産業のなかにも、本家超えをしている企業が散見されるほどです。

図表28　海外で成功した外食産業上位10社

順位	外食企業	海外店舗数	国内店舗数	海外店舗割合	備考（調査時点）	（主なブランド）
1	重光産業	約700	約90	88%	2015年7月	（味千拉麺）
2	麦の穂／永谷園	約240	209	53%	2014年12月	（ビアードパパなど）
3	ペッパーフードサービス	213	209	50%	2015年9月	（ペッパーランチなど）
4	元気寿司	130	134	49%	2014年9月	
5	ハチバン	118	141	46%	2016年2月	（8番らーめんなど）
6	力の源カンパニー	約50	約110	31%	2015年	（一風堂など）
7	吉野家ホールディングス	688	2254	23%	2016年1月	（吉野家、はなまるうどんなど）
8	サイゼリヤ	290	1026	22%	2015年8月	
9	大戸屋ホールディングス	88	328	21%	2015年3月	
10	モスフードサービス	325	1451	18%	2015年3月	（モスバーガーなど）

データ出所：プルデンシア・マーケティングリサーチ資料

イギリス人が日本食で本家超えを

図表28は、海外で成功した外食産業上位一〇社を、海外店舗割合が多い順に並べたものです。

二位の麦の穂、三位のペッパーフードサービス、八位のサイゼリヤ、一〇位のモスフードサービスは、必ずしも伝統的な日本食とはいえない料理を提供しています。麦の穂が展開するビアードパパはシュークリーム、ペッパーフードサービスはステーキ、サイゼリヤはイタリア料理、モスフードサービスはいわずと知れたハンバーガーです。海外にルーツのある料理を日本風にアレンジして、日本の味として輸出する——まさに本家超えの名にふさわしいといえるのではないでしょうか。

ちなみに、この本家超えは、何も日本のお家芸ではありません。イギリス人の実業家サイモン・ウッドロフ氏が一九九八年に開業した「ヨー！スシ（Yo!Sushi）」は現在、世界各国に約一〇〇店舗を展開する大外食チェーンになりました。ウッドロフ氏は、当時ビジネスで関係があったフジテレビの音楽番組のディレクター上原徹《うえはらとおる》氏の、「ベルトコンベヤーを使った回転ずしとプラスティックスカートを穿いた店員の組み合わせ」という一言にヒントを得て、一号店を開店したといいます。

すると、ドリンクロボットなど、当時の日本の先端技術のイメージをそのまま取り込んだ近未来風の店づくりが人気を呼び、たちまち大繁盛《だいはんじょう》となりました。その後、ファンドから資金を入れる代わりに、たくさんのビジネスパートナーと連携し、現在に至っています。

ちなみにウッドロフ氏は、イギリス版マネーの虎「Dragon's Den」で、虎の役を務めたことでも有名です。

現在、ウッドロフ氏のYO! グループは、日本のカプセルホテルにヒントを得たコンパクトで近未来感のある「ヨテル（YOTEL）」を展開しています。なぜ日本人がこれに気付かなかったのか？　外国人から見ると、まだまだ日本のプロダクトには、たくさんの魅力があるようです。

経団連企業が日本食に勝てぬ理由

ここで面白いことに気が付きました。洋の東西を問わず、世界の伸びている外食産業は、どこでも、創業経営者または二代目か創業当時を知る人間が経営に携わっています。最初から大企業だった会社はなく、すべてがもともと個人営業か中小企業だった会社です。

もちろん、外食業界には政府の手厚い保護はありません。店を出せば八割から九割が三年以内に潰れるという厳しい環境があるだけです。それにもかかわらず、海外に日本食をこれだけ広めている……既得権を守ることに汲々《きゅうきゅう》としている大企業とはまったく違うエネルギーを感じます。

これに対して、経団連に代表される日本の大企業は、その大半が製造業であり、既得権の上に胡坐《あぐら》をかいています。そして、その多くは高度経済成長期からバブル期にかけて構築された古いビジネスモデルに依拠するものです。

高度経済成長とは典型的なキャッチアップ型の経済成長であり、現代の日本人が中国のことをパクリだといってバカにしている、あのビジネスモデルそのものでした。しかし、そのパクリからいつの間にか脱却し、日本は世界をリードするような技術大国になりました。おそらく一九八〇年代から一九九〇年代前半までは、そのやり方で良かったと思います。

しかしバブル崩壊以降、度重なる経済失政が続き、一九九八年から日本はデフレに陥りました。その結果、かつて世界をリードした家電メーカーや自動車メーカーが経営に変調をきたします。国内でモノが売れず、海外では激しい競争にさらされたからです。

図表29　粗鋼生産高上位6ヵ国の生産量推移

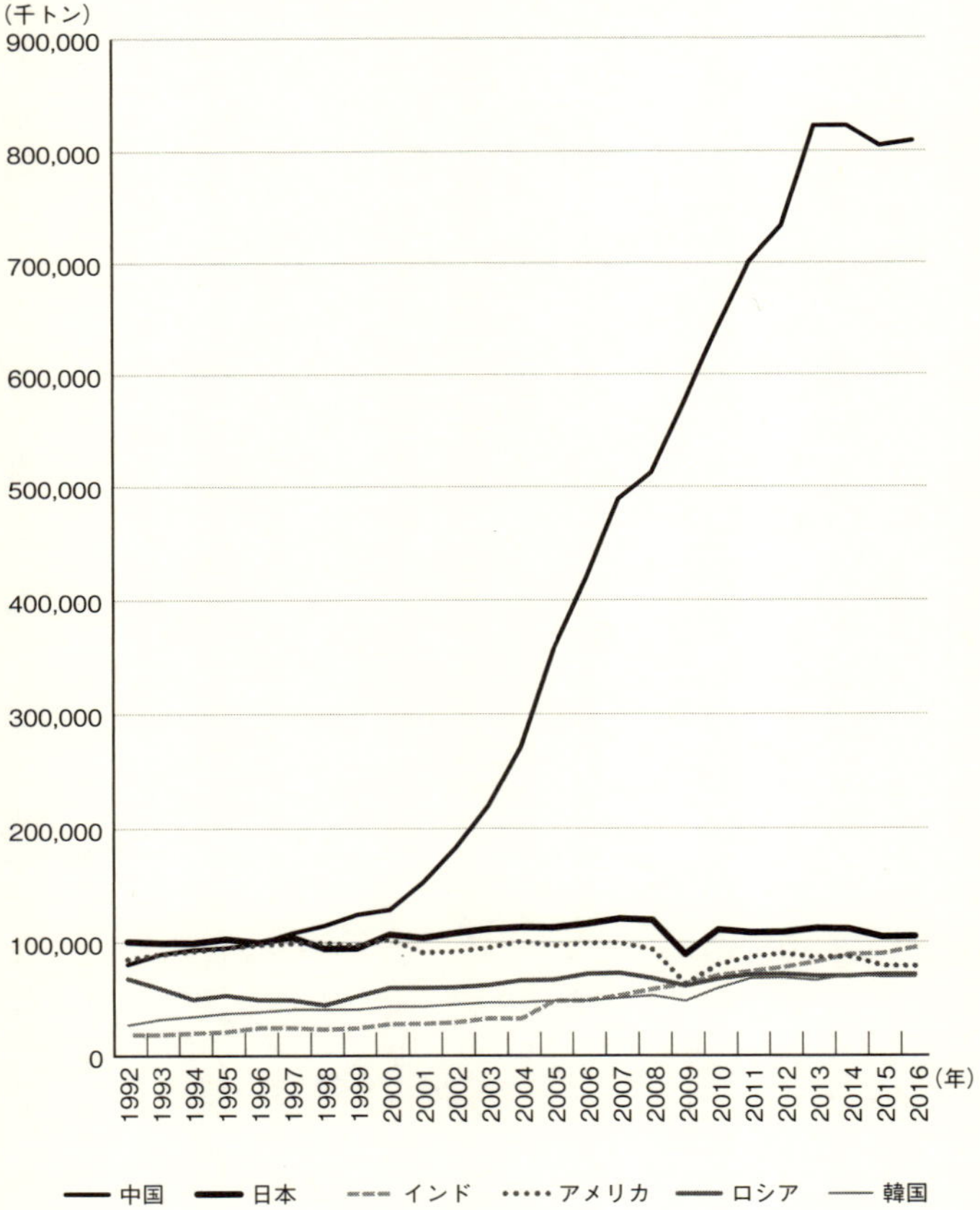

データ出所：世界鉄鋼協会

たとえば、かつて世界一を誇った日本の鉄鋼業は、どうなったでしょう？　図表29は、二〇一六年の粗鋼生産高上位六ヵ国の、一九九二年からの生産量推移です。

一目見れば分かるとおり、中国が異常な過剰生産を行い、完全に市場をぶっ壊してしまっています。これなら、トランプ大統領が怒るのも無理はありません。環境破壊も構わず、人権無視の労働環境で大量の鉄を作りまくった結果、製鉄業というビジネスモデルが変わってしまいました。

ハッキリいって、これでは利益を出すことなんて不可能です。日本の優良企業であるはずの神戸製鋼所が品質の偽装に手を染めてしまった理由の一つは、こういうことにあったのかもしれません。

そもそも製鉄や家電が日本のお家芸として成立し得たのは、安い為替レートと人件費、そして中国のような無軌道プレイヤーが存在しないという環境に恵まれた結果でした。しかし、世界第二位の経済大国になったとき、多くの日本人は勘違いしました。日本人は優秀で、素晴らしい技術を提供できる、だから「経済戦争」に勝ったのだ、と。

違います。たまたま環境が良かった、そして出鱈目《でたらめ》な奴がいなかった……本当にラッキーだったのです。

かつて大日本帝国海軍は、日本海海戦における「勝者の呪い」によって、大東亜戦争では壊滅的な敗北を喫しました。艦隊決戦で勝敗を決するというのは見事でしたが、日本海における戦いと広大な太平洋における戦いには大きな違いがありました。第一次世界大戦に参加しなかったことで知識のアップデートに失敗した大本営は、戦争のトレンドを完全に読み間違えていた……日本企業に起こったことも、これと同じです。

中小企業だけが日本経済活性化を

ここまで何度か述べてきたとおり、バブル崩壊以降、政府と日銀が必要以上に引き締め気味の経済政策を実施した結果、日本経済はデフレに陥りました。

デフレは貨幣量の不足によって発生します。日本円が減れば、相対的にドルやユーロより割高になります。こうなると、ドルやユーロで見たときの人件費は高騰します。日本国内で何を作っても割高という悲惨な状態に陥りました。

しかし、このとき経団連は、何をしていたでしょう？　日銀はもっと金融緩和しろとか、政府は財政支出を増やせとか、正しい経済政策の採用を訴えたでしょうか？　私の知る限り、それは皆無です。

そして悪いことに、このタイミングで中国というルール無用の競合相手が現れてしまった……大企業がボヤボヤしているうちに、とんでもない事態に陥ったのです。しかし、そういう最悪の状況のなかでも、サラリーマン経営者は、任期いっぱいまで無難に過ごすことに終始しました。彼らは、リスクを取らない、動かざる経営を選んだのです。

二〇一二年末の安倍政権の誕生によって、日本企業の足枷《あしかせ》であったデフレ政策は終了しました。しかし、日本の経営者に一度染み付いてしまったデフレ心性は、なかなか抜けません。

一時、一ドル＝七〇円台まで進んだ超円高が解消し、ドル建てで見たときの日本人の人件費は大幅に下がりました。いまこそリスクを取ってチャレンジするときです。ところが、銀行は質屋みたいなことをやっているし、大企業がなかなか賃上げしません。未だにデフレの再来を恐れ、リスクを取れないというわけです。

そして、一度失ってしまったシェアは、簡単には取り戻せません。かつてのように家電市場をメイドインジャパンが席巻《せっけん》した時代は、二度と来ないかもしれません。

さらに鉄鋼に至っては、米中間の政治問題にまで発展しています。下手をすると、これで戦争が起こるかもしれません。ここまで来ると、もう日本企業の努力だけではどうにもならないでしょう。

失われてしまった製造業の世界的なシェアを懐かしんだところで、何にもなりません。それは「技術大国信仰」というお呪《まじな》いです。そんなものに頼るより、もっと視野を広げ、いろいろな産業で、たくさんのチャレンジを行うべきではないでしょうか？　その一つの答えが外食産業です。

別にミシュランガイドの東京版が発売されなくても、日本の外食カルチャーの蓄積は、いずれ何らかの形で世界に解き放たれたことでしょう。外食産業がものすごく分厚い層だったからこそ、辛口のミシュランガイド調査員も、その実力に唸《うな》るしかなかった……ただ、それだけのことです。

技術大国信仰にこだわって、「ものづくり」という免罪符で政府から補助金をむしり取ったところで、産業は育ちません。補助金のために達成不可能な目標を掲げ、役所に擦り寄る大企業……そこに補助金を出し、税金の減免措置を実施しても、技術大国が復活するわけがありません。そんな過去の成功パターンにこだわって、何の意味があるでしょうか？

イノベーションを促進する方法は一つしかありません。とにかくたくさんのアイデアを試してみること。そのためには、新しい中小企業が雨後の筍《たけのこ》のようにバンバン出てくる状況を作るしかありません。これは経済の掟であって、政府も大企業も、絶対に逆らうことはできないのです。

Q13 新しい産業革命ともされるＩｏＴでは、日本のセンサー技術が世界をリードするというのは本当ですか？

A13 半分、本当です。しかし、官僚が補助金で産業を育てようとすると、その金の卵は死んでしまいます。

「トリリオン革命」とは何か

「食糧が豊富で飢えた人がおらず、環境が汚染されておらず、エネルギーが豊富で、すべての人々が医療を受けることができる、人々が満たされた世界」——まるで北朝鮮を「地上の楽園」と呼んだ「朝日新聞」のプロパガンダのようですが、ぜんぜん違います。この考えはＴセンサーズサミットというＩｏＴ関連のイベントで、二〇一三年から提唱されている「アバンダンス」というコンセプトです。

Ｔセンサーズとは「Trillion Sensors」の略で、「年間一兆個を超えるセンサーを活用できる社会（Trillion Sensors Universe《トリリオン・センサーズ・ユニバース》）」のことを指します。

一兆個という数は、この考え方が提唱された時点での世界の人口、すなわち約七〇億人が、一人当たり約一五〇個ずつ使う規模になります。これらのセンサーが、医療、農業、環境、エネルギー、教育など、さまざまな分野でネットワーク化されることによって、人類が直面する問題の解決が図れるそうです。

たとえば医療分野においては、遠隔看護などによって医療費の大幅な削減に寄与しつつ、医療サービスの質的向上に大きく貢献することが期待されています。

日本では、福岡県の筑紫南ヶ丘病院に併設されている「メディカルケア南ヶ丘」が、遠隔看護の先進的な取り組みをしている病院として知られています。この老人ホームはＩｏＴの技術を活用した医療強化型老人ホーム。入所者のデータはすべてサーバーで一括管理され、定期的に採取したバイタルデータは瞬時にデータベースに登録されます。そして各自の病歴と照会し、異常があれば直ちにアラートが立ちます。

これなら、医師や看護師がいなくても、ヘルパーさんが入所者の体調を容易に把握できます。加えて渡り廊下で隣の病院に直結しているので、異常が出たらすぐに対処することも可能。また、受け入れ側の病院ともデータを共有することで、診断の正確さのみならず迅速性《じんそくせい》も向上します。まさに人件費などのコストを削減しつつ、医療の質を上げる先進的な取り組みといえるでしょう。

財務省が消費税増税の口実に使っている医療費の高騰というホラーストーリーには、イノベーションが起こらず現状の非効率な仕組みが未来永劫《えいごう》続くという暗黙の前提があるのです。しかしIoTによる技術革新によって、財務省のロジックが打ち破られるでしょう。

ポイントは、医療の質はむしろ向上しつつコストが大幅に抑えられる、という点。トリリオン・センサーズ・ユニバースには計り知れないメリットがあるということがお分かりいただけるでしょうか。

これは医療分野に限った話ではなく、農業、工業、サービス業などの産業分野、衣食住および人々の生活分野など、あらゆる方向に拡張が可能です。まさに「トリリオン革命」――「IT革命第三の波」といってもいいでしょう。もう、これで人口減少など怖くない。人々が満たされる世界が実現するかもしれません。

一〇兆円を超えるセンサーを支配

この素晴らしい理想世界を実現するために必要なもの、それは大量の高性能センサーです。そして、センサー技術において、世界のトップを走っているのは我が日本なのです。次の記事をお読みください。

図表30　世界のセンサー種類別日系シェア（2014年、金額ベース）

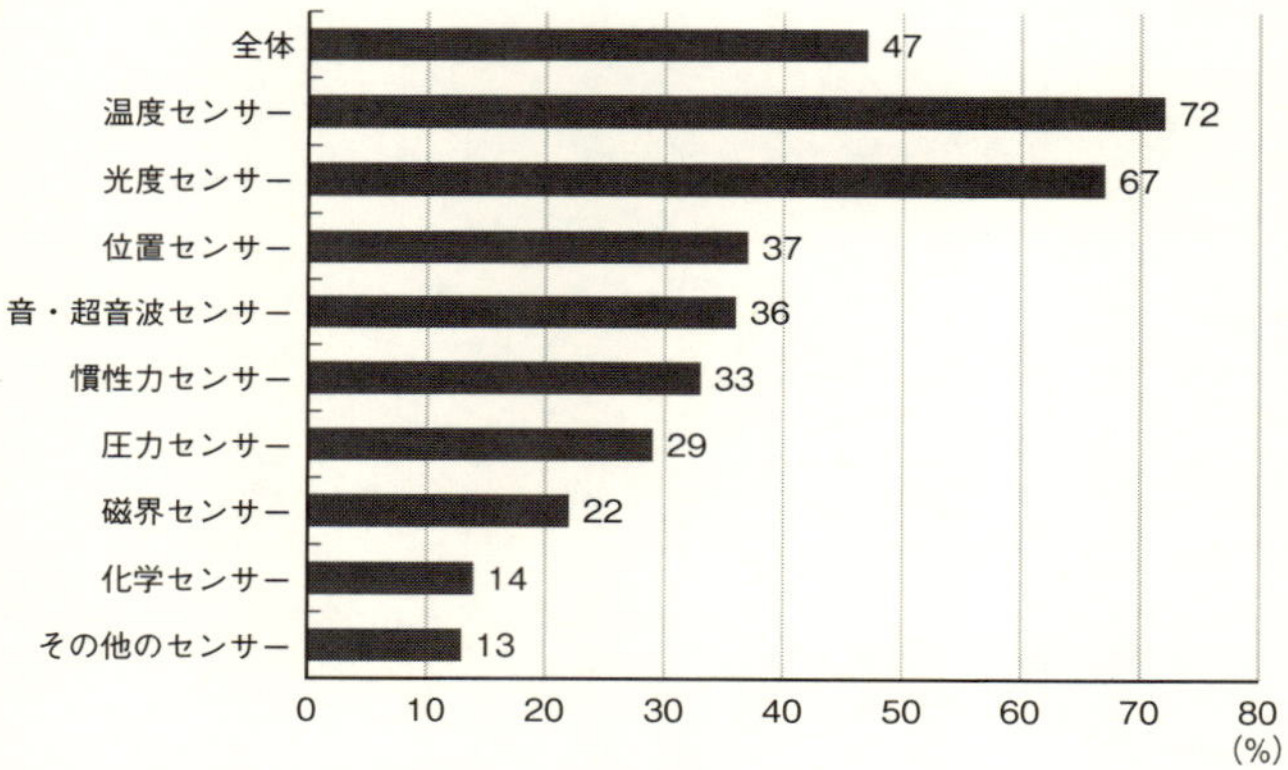

データ出所：電子情報技術産業協会「電子情報産業の世界生産見通し」（2015年12月）により日本政策投資銀行作成

〈では、これほどの伸びが期待できるセンサーの世界シェアはどうなっているか。実は、五〇%以上を日本メーカーが占めている。日本人の気質を考えれば、これは当然だろう。

指先の細かな動き、五感の鋭さや繊細さにおいて、日本人に勝てる民族はいない。そういう微妙な差異を見分けるセンサーが時代の主役になることは、日本にとって独壇場の時代の到来を意味するわけだ。センサーの世界市場は現状でまだ三兆円程度であるが、ここ数年のうちに一〇兆円を超えてくることは確実だろう〉

（「東洋経済オンライン」
二〇一七年一月二七日付）

日本政策投資銀行のレポートによれば、センサー業界は二〇二五年まで、数量でも金額でも年に一〇％以上の成長が期待できる成長分野とのことです。

日系の世界シェアは四七％を占め、特に光度センサーと温度センサーでは三分の二を超えます（図表30参照）。光度センサーではCMOSイメージセンサーでソニーが世界首位にあり、同社は二〇一五年度に二一〇〇億円の大型投資を敢行しました。一方、非光学センサーではアルプス電気、TDK、オムロンなどの電子部品メーカーや、旭化成マイクロデバイス、ローム、サンケン電気、セイコーインスツルなどの半導体メーカーが強みを持っています。

ソニーのセンサーは勝ち続けるか

「これはすごい！　日本企業の一人勝ちだ！」と思った人もいるでしょう。しかし、私はここに挙がった企業の名前を見て、一抹《いちまつ》の不安を覚えました。読者の皆さまのなかにも、私と同じ不安を持った方がいるかもしれません。

なぜなら、ここに挙がっている企業はどれもこれも大企業だからです。本当に大丈夫なのでしょうか？　日本の大企業といえば、エリートが集まるとバカになる……加えて「八木アンテナの呪い」もある。まさか、せっかくのセンサー技術を、東芝のように外国に二束三文で売り渡してしまわないですよね？　本当に心配です。

一方、アメリカでは、この分野において、たくさんのベンチャー企業が育っています。たとえば、「Proteus Digital Health」社は錠剤にセンサーを組み込む会社。飲み込んだ錠剤がサーバーと無線通信して情報を取り込み、いずれはそれをビッグデータとして活用するそうです。日本は大企業ばかりだけど、本当に大丈夫なのでしょうか？

Tセンサーズサミットを主催するTセンサーズサミット社代表のヤヌス・ブリゼック氏は、二〇一四年一二月五日、東京ビッグサイトで開催された「SEMICON Japan 2014」のGSAフォーラムに登壇しました。そこで彼が述べたことは衝撃的です。


〈IoTスタートアップ企業への投資額は二〇一三年末までに三四億ドルに達している。Webメディアの「Inc.com」は、二〇一三年にベンチャーキャピタル一五三社が一〇億ドルをIoTスタートアップ企業に投資したと伝えている。同じくWebメディアの「Venture Beat」によると、アメリカの「Cisco Systems」社、IBM社は、それぞれ一〇億ドルをIoTに投資するという〉

過去に音楽プレイヤーで世界を席巻したソニーですが、独自規格にこだわっている隙に、後発のアップルの台頭を許しました。現在、ソニーは、スマホやデジカメに必ず搭載されているCMOSイメージセンサーで五割以上のシェアを持っています。まさか同じ失敗は繰り返さないですよね？　テクノロジーの世界では、一寸先は闇なのです。

かつては、一つの技術革新によって一〇〇年は企業が栄えた、といわれていました。ところが一九八〇年代には、そのサイクルは半分程度まで短縮されました。近年は一サイクル一五年だという説が有力です。ですから、いまソニーがCMOSイメージセンサーで圧倒的なシェアを占めていたとしても、一六年後にどうなっているか、正直、分かりません。

一六年後にどんな技術が勝っているか分からない現状では、アメリカのように、たくさんのスタートアップベンチャーを育てておくほうが有利です。おそらく、そのベンチャーは九九％潰れるのですが、生き残った一％が未来を拓く。そして、ベンチャー企業の投入量が多ければ、必ず一つか二つぐらい大当たりが出ます。つまり下手な鉄砲も数撃ちゃ当たる、じゃんけんに三〇〇回勝ちたかったら九〇〇回以上やればいいのです。

デフレで質屋になった銀行の大罪

では、日本の未来を支えるベンチャー企業は十分に育っているでしょうか？　それを知る

図表31　ベンチャー投資の国際比較（金額：アメリカ・欧州・中国・日本）

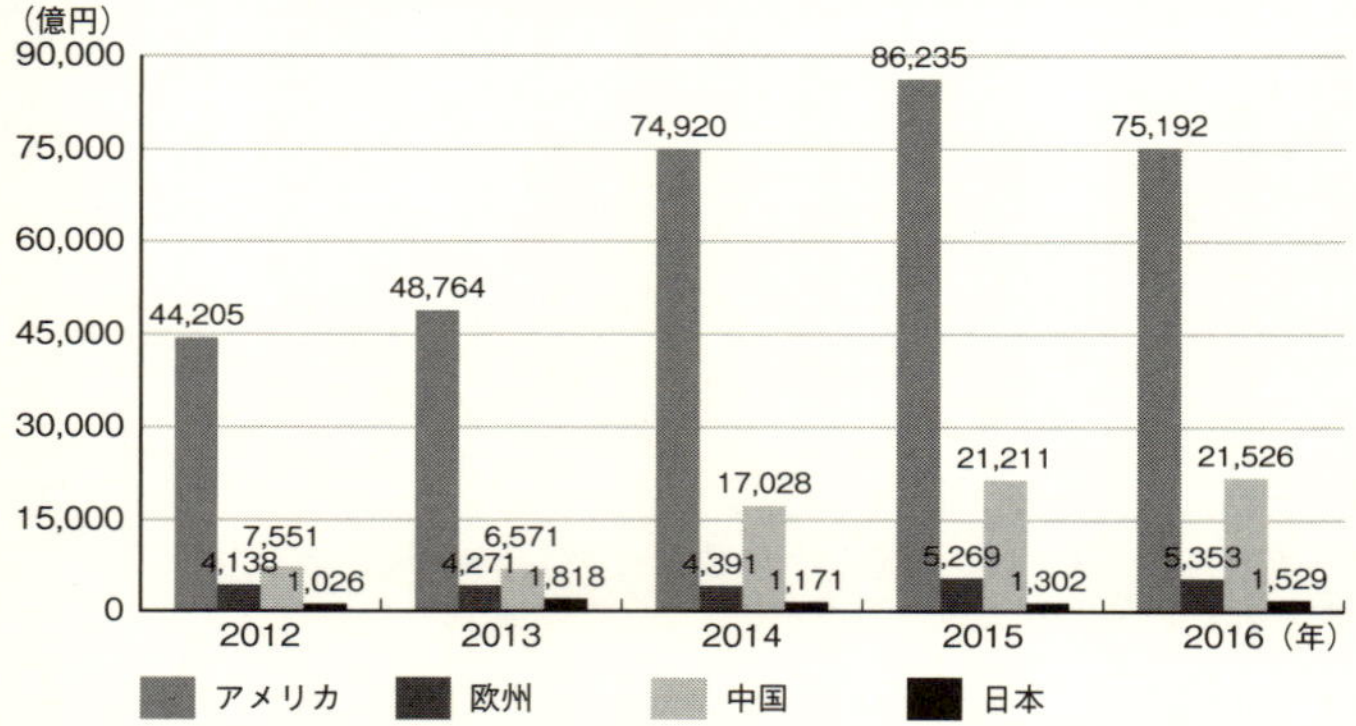

注1：【欧州】a. PE業界統計：欧州内の投資家［VCを含むPE会社］による投資（欧州外への投資を含む）
注2：日本のみ年度ベース（4月〜翌年3月）

図表32　ベンチャー投資の国際比較（件数／社数：アメリカ・欧州・中国・日本）

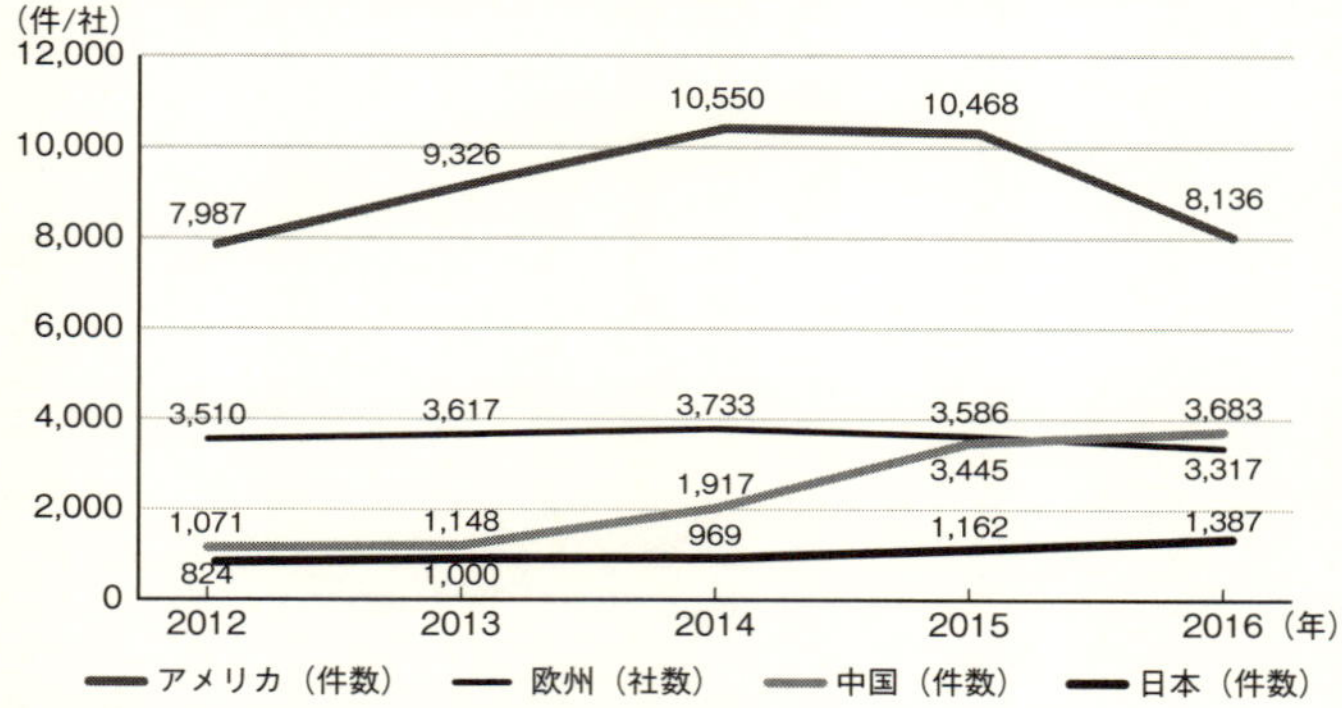

注1：【欧州】件数ではなく、投資先「社数」を統計数字として使用
注2：【欧州】a. PE業界統計：欧州内の投資家［VCを含むPE会社］による投資（欧州外への投資を含む）
注3：日本のみ年度ベース（4月〜翌年3月）

データ出所：ベンチャーエンタープライズセンター「ベンチャー白書2017」

ために、ベンチャー投資の金額と件数の国際比較を、図表31と32で見てみましょう。なんと日本は、金額と件数ともにアメリカに遠く及ばないどころか、ヨーロッパや中国に比べても半分以下なのです――。

その金額は約一五〇〇億円……二〇〇〇年には約二八〇〇億円だった日本のベンチャー投資は、その後の政府と日銀の経済大失政により、約半分に減ってしまったのです。アベノミクスによってかなり回復した結果ですら約一五〇〇億円ですから、あのまま民主党政権が続いていたら、恐ろしいことになっていたでしょう。

もし日本がこの分野で負けているとしたら、現在の話ではなくて、未来のことです。いまの技術では負けなくても、次世代の技術で負ける。なぜなら日本のやり方では、次世代の技術の担い手になるかもしれない金の卵が慢性的に不足するからです。

たとえば日本の民間銀行は、デフレを経験して、すっかり質屋《しちや》になってしまいました。確かに、日本政府がいつ増税で景気を悪化させるか分からない状況では、未来の金の卵だと思っていたベンチャー企業が瞬時に不良債権化するリスクがあります。そんな不安定な状況では、リスクの高い案件に貸し出すことに躊躇《ちゅうちょ》するのは当然です。結局、銀行は担保を持っている人、またはお金を持っている人にしか融資をしない。つまり、金持ちと大きな企業ばかりが優遇され、次世代を担う新しいアイデアの芽は摘み取られてしまうのです。

有望なベンチャー企業かどうかは、スタートアップステージでは分かりません。だからこそ投入量がものをいうのに、日本の金融機関は固い案件にばかり融資をして、リスクを取らないのです。そして、日本のベンチャーキャピタルのかなりの部分が、こうした臆病な銀行の傘下にあります。さらにいえば、そのベンチャーキャピタルのファンドに資金を投入しているパートナーも、「銀行系だから」と安心してしまうような、投資には向いていない人、会社、団体ばかりです。

もちろん、アベノミクスによって日本の投資環境は大幅に改善しました。臆病な銀行やその取り巻きも、少しはリスクを取るようになりました。しかし先ほどのグラフで見た通り、アメリカ、ヨーロッパ、中国には、まったく追いついていません。だから、センサーのシェアがいま高いからといっても、まったく安心できないのです。

大企業優遇——役人の産業政策は

「日の丸○○」幻想に取り憑《つ》かれた役人は、役に立たない産業政策ばかりやって、ベンチャー投資は掛け声だけです。実際に、政府と経団連は結託して、大企業ばかり優遇しています。これでは韓国の財閥主導の経済を笑えません。

大企業を優遇するためのヘンテコな規制はなかなか改めることはできず、結局いくら面白いアイデアがあっても、法規制によって断念せざるを得ない場合があります。

ドローンは、いつになったら宅配便の輸送に使えるようになるのでしょうか？　セグウェイで公道を自由に走れるようになるのは、いつのことでしょうか？　規制緩和が進まず、手持ちの技術が持ち腐れになる……それを暗示する総務省の不気味なアンケート結果がありますす（次ページ図表33参照）。

〈まず、現状のＩｏＴの導入状況ならびに今後（二〇二〇年頃）の導入意向について確認する。現状においては、米国が突出して導入率が高く、プロセス及びプロダクトのいずれにおいても四〇％を超えている。日本を含め、他国については二〇％前後であり、米国とは倍程度の開きがある。

二〇二〇年に向けた導入意向についてみると、プロセス及びプロダクトの双方においてＩｏＴの導入が進展し、全体の導入率は現状の二～三倍へ進展することが予測される。しかしながら、相対的にみると、日本は導入意向が低いことから、今後米国のみならず他国とも差が開いてしまう可能性が浮き彫りとなった〉（『ＩｏＴ時代におけるＩＣＴ産業の構造分析とＩＣＴによる経済成長への多面的貢献の検証に関する調査研究報告書』三菱総合研究所／二〇一六年三月　＊傍線は筆者による）

図表33　IoT導入状況（2015年）と今後の導入意向（2020年）

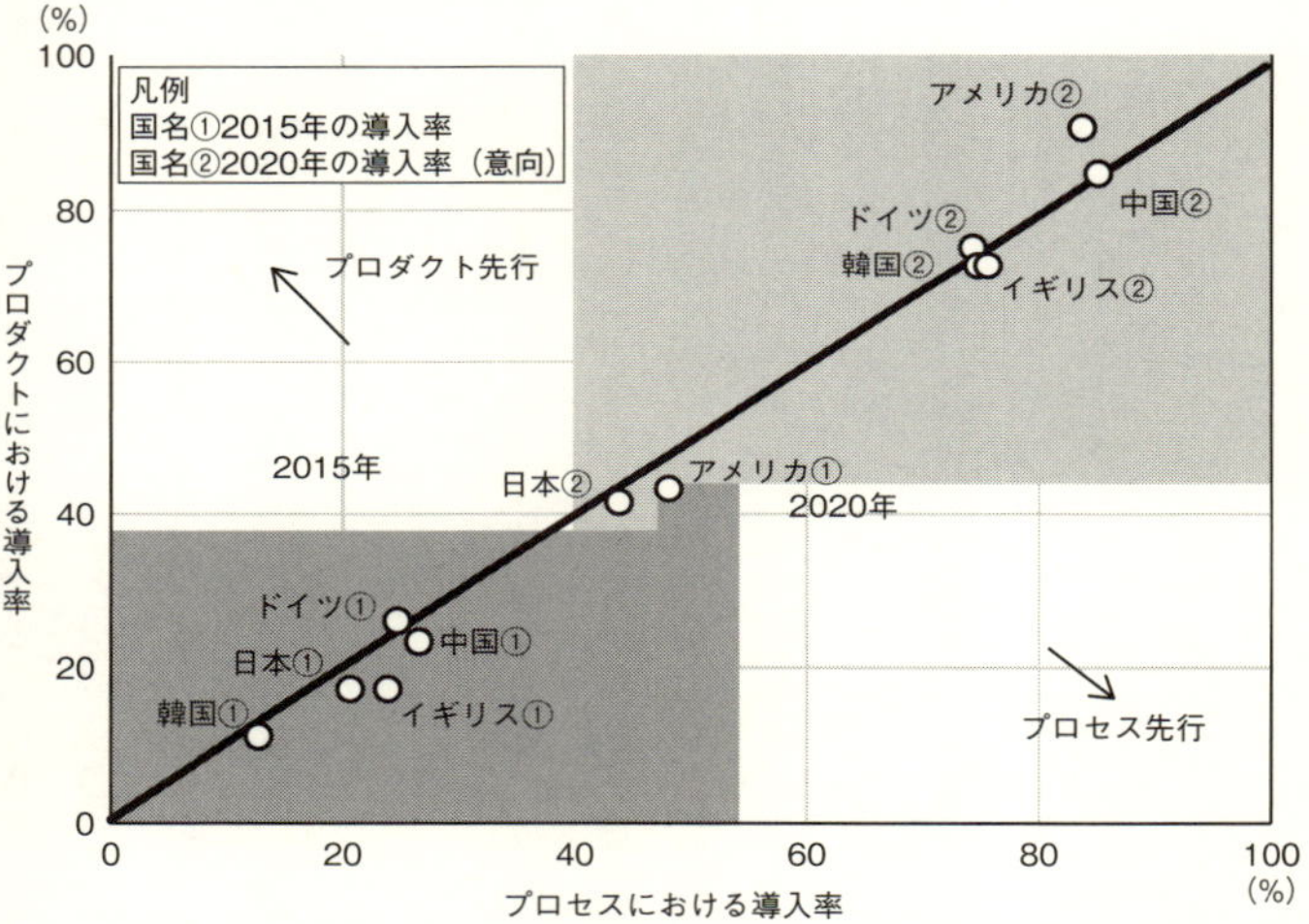

データ出所：『IoT時代におけるICT産業の構造分析とICTによる経済成長への多面的貢献の検証に関する調査研究報告書』三菱総合研究所（2016年3月）

日本の大企業は現状維持に汲々《きゅうきゅう》として、将来戦略を描けていません。その責任は日本の政府にもあります。なぜなら、これだけ速いペースでテクノロジーが進化しているにもかかわらず、日本国内での規制緩和が絶望的なぐらい遅いからです。そして、多くの企業経営者が、そのペースは現在のままか遅くなると予想しています。このアンケートの結果は、それを物語っているのです。

トリリオン・センサーズ・ユニバースが現実のものに近づいても、日本の規制緩和だけが遅々として進まず、その間に海外で実用化されたまったく新しい発想の価格破壊モデルが押し寄せる。そして、かつてはセンサー技術で世界ナンバー1を誇った日本メーカーのビジネスモデルが崩れていく。このままでは現状に安住し、大企業ばかりを優遇することで、儲けのチャンスをみすみす逃がしてしまう。まさに、「八木アンテナの呪い」さながらの暗い未来が到来してしまいそうな、嫌な予感がします。

IoTを先取りするベンチャー

では、日本のチャンスは本当にゼロなのでしょうか？　いや、必ずしもそうではありません。ことトリリオン・センサーズ・ユニバースに限っていうなら、結局、センサーどうしはバラバラなので、それを統合するソフトウエアがキーになるからです。

実際に、ＩｏＴ時代を先取りするベンチャー企業が日本にも生まれています。たとえば、ＭＡＭＯＲＩＯ株式会社（旧社名：株式会社落し物ドットコム）は、小型のＩＣタグを使った「なくすをなくす」という面白いサービスを提供しています。製品サイトの説明には次のように書いてあります。

〈（ＭＡＭＯＲＩＯとは）世界最小の「落し物追跡タグ」です。スマートフォンのアプリと本体をBluetooth機能で連携することで、ＭＡＭＯＲＩＯ本体とスマートフォンが離れた際に「紛失アラート」で手元から離れたことをプッシュ通知でお知らせいたします。万が一紛失した場合も、最後に手元にあった場所の位置情報を記録していますので、いつ、どこで紛失したかすぐに確認することができます〉

MAMORIOには「クラウドトラッキング機能」が搭載されており、登録しているユーザーが協力し、紛失したものを探すことができます。また、この技術は、将来的には医療介護（例：徘徊《はいかい》老人サーチ）、見守り（例：小学校の登下校安否確認）、物品管理（例：在庫の出し入れ自動管理）など、さまざまな分野に応用が可能とのことです。

この会社はもともと落とし物のポータルサイトを運営していた会社でしたが、二〇一四年九月にクラウドファンディングで資金を集め、二〇一五年一一月からICタグの販売を開始しました。翌年、さっそく日本航空では、整備器材の位置管理ツールとして採用が決まりました。また二〇一七年からは、関東の私鉄（京王、小田急、東武、相鉄）で、忘れ物自動通知サービスが導入されています。そうして個人向けにも大手家電量販店やネット上で販売が開始され、多くの人がこの製品を街なかで見かけるようになりました。

誰もが利用できる、たくさんのセンサー——まさにトリリオン・センサーズ・ユニバースのコンセプトにぴったりだと思いませんか？

このサービスがクラウドファンディングでスタートしたということにも、たいへん意味があります。なぜなら、質屋状態の日本の銀行が変わることには、まったく期待ができないからです。「バカは死ななきゃ治らない」といいますが、日本の銀行はバブル崩壊で一回潰れかけて、そこでおかしくなってしまいました。改善はまったく期待できません。

だから、クラウドファンディングなど、銀行や銀行系のベンチャーキャピタルに頼らない資金集めを実践したということは重要なのです。

政府の仕事はマイルドなインフレ

ちなみに、日本発のＩｏＴベンチャーの大成功事例としては、二〇一七年に二〇〇億円でＫＤＤＩに買収されたソラコムという会社を忘れてはいけません。この会社は、なんと創業三年……日本のＩＴベンチャーにおける久々の場外ホームランといわれています。

ソラコムのサービスは、ＩｏＴ向けデータ通信サービスです。平たくいえば、機械が使う携帯電話のＳＩＭと、それに付随するサービスを売っています。

機械がサーバーと交信する際にやり取りするパケットの量はとても小さく、更新頻度もそれほど多くありません。人間が携帯電話を使って、テキスト、音声、動画をやり取りする容量とは比べ物にならないぐらい小さいものです。もし、そこに人間用のＳＩＭ、人間用の通話プランを当てはめたら、コストがバカになりません。ソラコムはここに目をつけ、機械用の少量パケット通信専用のSIMと通話プラン、および付随するサービスを開発しました。

公式HPには、いくつかの導入事例が紹介されています。たとえば、積水化学工業の下水熱設備のデータ遠隔管理や、IHIのガスタービンの遠隔メンテナンスなど、いわばトリリオン・センサーズ・ユニバースのコンセプトを先取りする仕事です。

一般にはあまり知られていませんが、日本にもこういう元気なベンチャー企業があったのです。むしろ大企業は、こういう生きのいいベンチャー企業と提携したり買収したりすることで、自らの新陳代謝を活性化させるべきです。新しい技術は中小企業が持っており、大企業にできることは、その技術を全世界に普及させるための手助けだけだからです。

大企業がベンチャー企業を応援するなら、当然、政府もこの動きに呼応すべきでしょう。が、「政府が将来有望なベンチャー企業を保護して……」というのはダメ。政府は、どのベンチャー企業が有望なのか、それを見極める目を持っていないからです。だから補助金を配っても、そこには利権が生まれるのみ……実際、各種租税特別措置という陰の補助金がすでにありますが、大企業偏重で、ベンチャー企業にはあまりメリットがありません。

ですから、政府がやれること、それを敢えていうなら、デフレを早く脱却し、現金を死蔵する人にインフレというペナルティを与えること、ただそれだけなのです。

終章　消費増税に見る経団連と増税政治家の陰謀

Q 14

増税政治家や財務官僚が強調していますが、やはり将来の財政破綻が不安です。いま消費増税をしたほうがいいのではないでしょうか？

A 14

未来への投資をケチることが、かえって将来への不安を増大させます。

小泉進次郎のこども保険を嗤う

増税は未来へのツケを残します。そしていまそれをする必要はありません。なぜなら日本の財政再建は終わっているからです！

たしかに日本の国と地方を合わせた債務は一二〇〇兆円に達しますが、バランスシートの反対側には、政府と日銀が持つ一一〇〇兆円の資産があります。差し引きすると一〇〇兆円の純債務が残るだけ。新聞やテレビが煽っている「一〇〇〇兆円の債務」というのは、あくまでも債務の総額のことで、純額で見ればこんなものなのです。詳しくは拙書『財務省と大新聞が隠す本当は世界一の日本経済』（講談社＋α新書）をお読みください。

しかし、こんな単純なことが分からないのか、相変わらず日本が財政危機だと喧伝《けんでん》する増税政治家がたくさんいます。たとえば、自民党の小泉進次郎氏らの若手議員が作る「二〇二〇年以降の経済財政構想小委員会」は、「こども増税（自称：こども保険）」というヘンテコな提案をしました。保育や幼児教育を実質的に無償にするために、厚生年金と国民年金の保険料に〇・一％上乗せする代わりに、当初三四〇〇億円を未就学児童の手当として支給するというものです。その後は上乗せ料率を〇・五％として一兆七〇〇〇億円を確保して、支給額を月二万五〇〇〇円に引き上げるのだそうです。

小泉氏らがこの提案をしたのは、教育無償化に向けたもう一つのプランである教育国債に対抗するためです。教育国債というのは、教育を無形固定資産と見なし、現在の建設国債と同じスキームで国債を発行し、教育無償化の財源をファイナンスするというプランです。

教育を一つの投資プロジェクトと見た場合、教育を受けた子供たちがその後一生働いて納税することでリターンが得られます。ＯＥＣＤの調査によれば、日本の場合、投入した資金の三倍から上手くすると一〇倍以上のリターンが期待できるとのことです。

この方法の場合、実質的に財源を負担するのは投資家であり、政府は金利しか負担する必要がありません。しかも、タイミングのいいことに、いま日本国債の金利はゼロかマイナスです。資金調達には絶好のタイミングといえるでしょう。

財源も小泉氏のプランのように最高で一兆七〇〇〇億円などとショボい数字ではなく、一気に一〇兆円でも二〇兆円でも、必要なだけ調達可能です。なぜ、これに対抗する必要があるのでしょうか？

便益が将来世代に及ぶ際は国債を

小泉氏は、教育国債案に反対する理由として、次のように述べています。

〈教育国債がおかしいという声は必ず出てくる。僕はあまりにも納得できず文部科学省に「みなさん恥ずかしくないですか」と言った。それが通るなら農業も将来への投資だから農業国債、平和がなければ未来もないから国防国債、技術開発こそ未来への投資だからイノベーション国債を発行してくれ、と全分野で要求が出てくる。それはそれで落語的でおもしろい。そのとき初めて気づくだろう。これは無理だと〉

（「朝日新聞」二〇一七年八月二五日付）

むしろこれが落語に聞こえてしまう小泉氏こそ、頭脳が落語だと思います。いや小泉氏は、きっと悪い財政再建原理主義に洗脳されているのでしょう。実際、このインタビューの聞き手も、例の朝日新聞記者、金融緩和に反対する原真人氏です。

小泉氏によると、「農業も将来への投資だから農業国債、平和がなければ未来もないから国防国債、技術開発こそ未来への投資だからイノベーション国債を発行してくれ、と全分野で要求が出てくる」とのことですが、一体、何が問題なのでしょう。それらが将来リターンの見込める投資であるなら、すべて問題はありません。だいたい建設国債がそれとまったく同じ投資の発想で発行されています。小泉氏は、なぜ建設国債を発行していいのか理解しているのでしょうか？

元財務官僚で嘉悦大学教授の髙橋洋一氏は、「現代ビジネス」（二〇一六年一〇月一〇日付）で、「社会全体が得られる便益がコストより高い投資であれば、便益が及ぶ世代から費用を賄《まかな》うほうが課税より優れているのは、財政学では当然の話である」と述べています。

同様に、二〇一六年八月に五訂版が出された小村武・元大蔵事務次官による『予算と財政法』（新日本法規出版）の九九ページには、「無形の資産と観念し得るものについては、後世代に相応の負担を求めるという観点から公債対象経費とすることについて妥当性があるものと考えられる」と書かれています。

農業国債、国防国債、イノベーション国債で集めた資金を投入して、「社会全体が得られる便益」がそれを上回るのであれば、むしろ国債を発行すべきです。これは落語でも何でもなく、財政学の基礎知識です。農業、国防、イノベーションの便益が本当に将来世代にも及ぶのであれば、現役世代だけがそのコストを負担するのでなく、便益を受ける世代全体でそれを負担するのが当然だからです。

経済にはフリーランチはない。受益者負担の原則から考えれば、将来世代だけが負担を回避する現役世代への増税はアウトです。むしろ、なぜ現役世代が将来便益を受ける将来世代の分まで負担すべきか、納得いく説明をしてもらいたいぐらいです。

もちろん、これは何でもかんでも許されるわけではなく、あくまでも「社会全体が得られる便益がコストより高い投資」であることが条件です。そのことを、B／C（費用便益比）できちんとシミュレートし、プロジェクトごとに数字で証明することは必須です。

おそらく小泉進次郎氏の頭のなかには「借金は悪だ」という思想はあっても、「投資」と「リターン」という基礎的な経済の知識が存在していないのかもしれません。だから商売をしたことのない政治家は困りものです。

ただ小泉氏の周りには、偏差値の高い大学を卒業して、難しい公務員試験を突破した財務官僚たちはたくさんいます。やはり「エリートが集まるとバカになる」という法則は正しいのかもしれません。

橋本総理の「財務省に騙された」

ＯＥＣＤは、日本の公的な教育投資は大きなリターンを生むと分析しています。この点について、先述の髙橋洋一氏は以下のように述べています。

〈投資が費用対効果で見劣りしていれば、国債で賄うのは問題にもなろう。しかし、教育が優良な投資であれば、将来収益が期待できるので、国債償還に困ることはなく、国債で資金調達するのが「最適解」になる。

これは、民間企業で投資のための経費（投資性経費）を経常経費で賄わずに、借入で賄うことと同じである。もし、投資性経費を借入によらない場合、人件費などが圧迫されて、まともな企業経営ができなくなってしまう。これは国家経営でも同じなので、投資性経費には建設国債をあてることが財政法上も認められている。

（中略）私的な便益コスト比（B／C。費用に対して得られる便益の割合）と公的な便益コスト比を見ると、ほとんどの国で、私的な便益コスト比のほうが公的な便益コスト比より大きい。

ところが、一国だけまったく逆に、はるかに公的な便益コスト比のほうが大きい国があ

図表34　先進国における高等教育投資の私的・公的B/C（2012年）

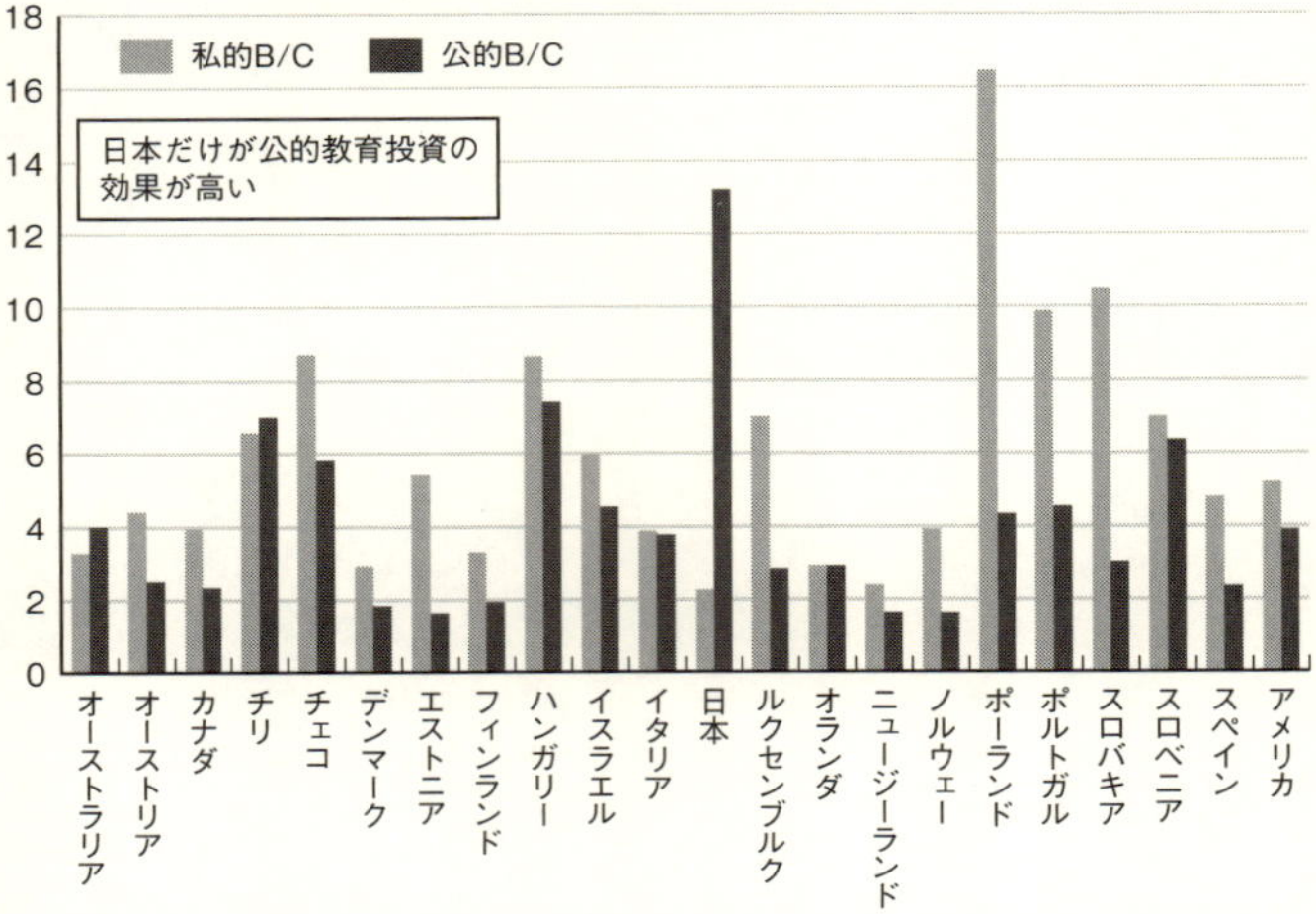

データ出所：OECD Education at a Glance 2016, Indicator A7。男女別統計を単純に合計して数値計算

る。日本だ。

　これほど、公的な便益コスト比が大きいのであれば、日本は高等教育に公的資金をどんどん投入すべきなのである〉　（「現代ビジネス」二〇一七年五月一五日付）

　教育を怠ると、そのツケは将来に及びます。一九九七年、自民党の橋《はし》本《もと》龍《りゅう》太《た》郎《ろう》総理は、将来の財政危機を心配して消費税率を三％から五％に上げました。ところがそのせいで、せっかく良くなりかけていた景気は腰折れしました。そして、一九九八年から日本はデフレに陥ってしまったのです。

　しかし、たいへん残念なことに、

その後も政府による不必要な緊縮路線と日銀の金融引き締めは続きます。小泉内閣と第一次安倍内閣のごく短い期間を除いて、景気はどん底でした。

その結果、多くの若者が就職できず、まともな職業訓練を受けられないまま、もう四〇代になってしまいました。これは社会的には大きな損失です。彼らが普通に就職できていれば、いまよりも何倍も稼ぎ、何倍も納税していたことでしょう。社会人になってからの職業教育ですら、こんなに大きな問題になります――いわんや学校教育においてをや。

橋本総理は、目先の財政危機を避けたつもりで安易に緊縮政策に走り、結果として将来に大きなツケを残しました。財政再建論者たちがいうこととは裏腹に、増税などの緊縮政策こそが、将来世代に大きな負債を押しつけるのです。橋本総理は生前、「あの消費増税は、財務省のヤツらに騙されたんだ」と悔やんでいました……。

アベノミクスが二〇年早かったら

いま思えば、日本政府は、遅くとも二〇〇〇年頃までにアベノミクスのような政策をスタートしておくべきでした。しかし、その採用は一二年も遅れてしまいました。

その結果、失われた世代がまともに就職できれば得られたはずのＧＤＰは、失われたままです。それは莫大な金額になります。そして、ろくに就職できなかった世代が高齢化することで、今後もその被害金額は拡大し続けることになるでしょう。

財政再建論者たちは財政危機を煽《あお》り、緊縮政策の採用を主張しますが、経済的に見れば、それは目先の投資をケチって将来にツケを残す行為です。

たとえば、子供にオモチャを買い与えず、習いごともさせず、医者にも診せず、ただお金を節約している親がいたとします。その親の言い分は、「子供に財産を残すために節約している。将来、お金に困ることがないように、いま痛みに耐えることが大事」といったところでしょうか。果たしてこの親は、本当に子供のためになることをしているでしょうか？

子供から遊びと教育を奪い、ろくに検診も受けさせずに放置したら、その子に未来などありません。大人になってたくさんの現金を相続したところで、その子には知恵がなく、その資金を生かすことはできないでしょう。しかも、ろくに教育を受けなかったため、稼ぎのない仕事に就くことはできません。親が貯め込んだ現金を食い潰し、それがなくなったら終わり……医療費をケチった結果、重篤《じゅうとく》な病気を抱えたまま大人になっているかもしれません。

大人が子供に身に付けさせるべきは、稼ぐ力です。しかし、どうすれば身に付くか、それはよく分かりません。だから、とにかくいろいろな経験をさせるしかない……遊びや勉強というのは、まさに経験を積ませるための手段なのです。

当然、これらにはコストがかかります。しかし、その経験が、いずれ大人になったときの稼ぐ力につながるのです。だからこそ多くの親が、ローンまで組んで子供に教育を受けさせています。たくさんの経験を積ませることが稼ぐことにつながるということが、よく分かっているからです。

麻生太郎氏や石破茂氏や小泉進次郎氏といった増税政治家、そして財務官僚に代表される財政再建論者たちは、国のバランスシートから債務がなくなれば将来へのツケがなくなると考える。そしてそのためには、目先の投資をケチって現金を貯め込むのがいいといいます。

しかし、たとえば多くの企業は借金をして生産設備を作り、そこで作った製品を売って利益を上げています。財政再建論者たちの主張は、その会社に、直ちに営業をやめて在庫と設備を売却し事業を清算せよといっているに等しい暴論です。

売り上げと利益を生む限り、借金は維持可能です。お金を貸している銀行から見ても、そうしてもらったほうが長く金利が得られてオイシイはずです。ところが、財政再建論者たちは「借金は悪」という道徳観に凝り固まっているのです。民間企業に勤める経団連のお歴々も、消費増税に手を貸すようでは、同じことです。

株主や従業員への分配をせぬ理由

しかも、彼らが問題にしている債務とは、債務の総額であって、資産を差し引きして残る本当の債務である純債務ではありません。

一〇億円の銀行融資を受けている中小企業の経営者が、一二億円の豪邸に住んでいたとしたらどうでしょう？　この経営者は確かに一〇億円の債務を抱えていますが、資産と相殺《そうさい》すれば差し引き二億円の純資産を持っていることになります。このとき一〇億円の債務をゼロにすることは可能ですが、この経営者は豪邸を売却しなければいけません。

そんなバカなことをしないで、しっかり働き、金利を払いながら毎年五〇〇〇万円ずつ債務を返済すれば、二〇年間豪邸に住みながら債務を返済することが可能です。

実は、これは特殊なことでも何でもありません。年収を数百万円にスケールダウンし、住宅価格を数千万円と仮定すれば、働く人の多くがやっていることなのです。たとえば、年収五〇〇万円の人が、三〇〇〇万円の住宅ローンを組んでマイホームに暮らしているのと同じです。一体、何を恐れる必要があるのでしょうか？

日本にはピカピカのバランスシートを持った政府と、世界一お金を貯め込んでいるたくさんの大企業があります。ところが、せっかく持っているこの宝を、未来のために生かせていません。

財務省は原理主義的な緊縮路線に陥り、大新聞や頭の足らない政治家を巻き込んで、「財政危機キャンペーン」を繰り返しています。教育や国防など、国家百年の計はそこら中に転がっているのに……しかも、それらは大きなリターンを生む可能性があるのに、です。

経団連に代表される大企業も、緊縮政策を礼賛《らいさん》するマスコミのいうことを鵜《う》呑《の》みにして、民間企業のくせに増税に賛成しています。そして将来の緊縮を見込んで、株主や従業員への分配を怠っているのです。

日本はバブル崩壊以降、潜在的な成長率を下回る経済状態が続きました。失業者がいるということは、社会のリソースが無駄になっている証拠です。二〇年間の遅れを取り戻すためには、向こう二〇年間、二倍のスピードで走らなければいけません。

実質成長率二％と物価上昇率二％で合わせて四％の名目成長率が本来の巡航速度だとしたら、その二倍は八％です。しかし、八％で二〇年走ったとしても、本来到達すべき地点に着くだけ……その時点で巡航速度の四％に戻っても、まだまだその先があります。

年率八％で名目成長するということは、八年半で経済規模が二倍に成長するということです。住宅ローンの実質的価値は八年半で半減します。どんどんリスクを取ってお金を借りた人、投資した人が勝ちです。やる気になれば、そういう世の中を簡単に作ることができる。それだけの潜在的な力を持っている国が、私たちの国、日本なのです。

少子高齢化でこれ以上成長できないなんて大ウソです。政府や日銀のなかから、緊縮大好きな原理主義者を一掃すれば、経済成長なんてカンタンなのです。

Q15 租税特別措置の九割は大企業向けで約一兆円にもなりますが、日本の産業の成長にとっては頼もしい限りですね？

A15 いえいえ、官僚に成長産業が分かればソ連が崩壊するわけもなく、無用の長物といえるでしょう。

官僚が決める租税特別措置のヘン

平成二九年二月、国会に租税特別措置の適用実態調査の結果に関する報告書が提出されました。報告書の原本および統計データは財務省のサイトから入手できます。非常に細かくて分かりにくいデータなのですが、分析してみたところ、面白いことが分かりました。図表35をご覧ください。

免除されている税金の総額は一・一八兆円ですが、全体のなんと約八七％に当たる一兆円が大企業向け（資本金一〇〇億円以上）の減免措置だったのです。そして、その金額の大半

図表35　租税特別措置総額（単位：兆円）

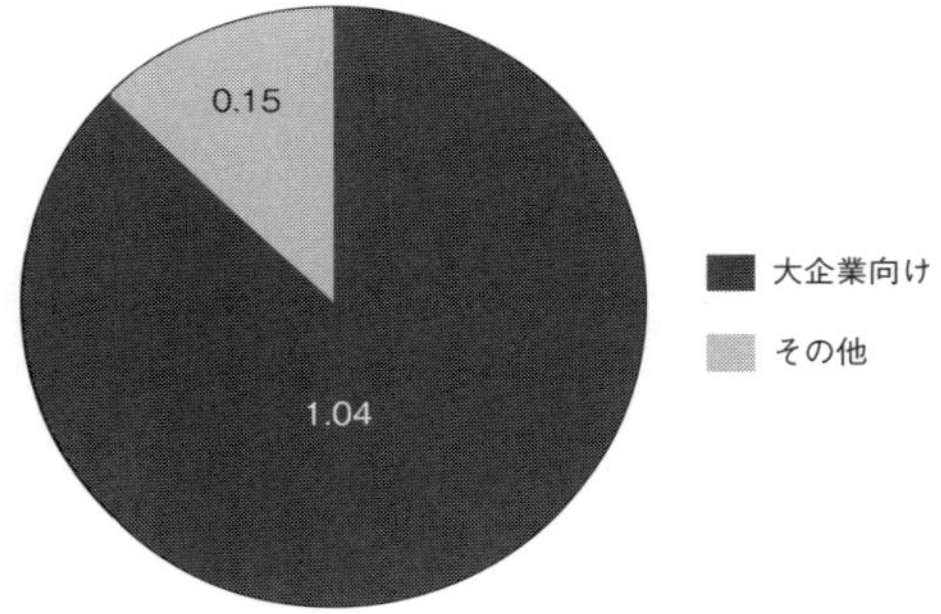

データ出所：財務省

は、大企業向けの研究開発税制でした。

そう聞くと、日の丸テクノロジーを支えるための政策だから仕方がないと思えるかもしれません。では、果たしてこのような産業政策がうまくいくのでしょうか？

話を単純にしてみましょう。もし、政府が優遇税制を使って特定の産業を育てることができるとすると、少なくとも政府は将来有望な産業が何であるか予想できることになります。政府が民間企業より正確に未来を予想できるなら、民間企業などにやらせず、政府が自らやったほうが効率がいいのではないでしょうか？

さらにいえば、政府のなかで実際に経済予測をしているのは官僚ですから、官僚がその完璧な予測に基づいて起業し、バンバン儲けてしまえばいいような気もします。

しかし、こんな官僚は存在しませんし、実際、すべてが国営企業だったソ連など社会主義諸国の経済は崩壊しました。つまり、政府が産業を育てるなんて、土台、無理な話なのです。

外食産業は対象外でモノ作りだけ

では、少しだけやり方をモデレートして、政府が特定の産業が将来有望であることを予想しないで、各企業が予想することを少しだけ助けることにしたらどうでしょう。研究開発への租税特別措置は、まさにこれに当たるのではないでしょうか。

何が成功するか分からないので、民間企業の行うさまざまな予想を政府が助け、成功したものから税収というリターンを得る……これならうまくいきそうです。

とはいえ民間企業ですから、そもそも製品化に失敗したり、製品化したけれどぜんぜん売れなかったり、といった事態も考えられます。政府が応援する企業が三社しかなかったら、全滅するかもしれません。では、一〇社に増やしてみたらどうでしょう？　いや、一〇〇社、一〇〇〇社ではどうでしょうか？

仮に一〇〇〇のアイデアに三つほど正解が出るとするなら、一万社の投入量があれば、三〇社の成功を得ることができます。ならば、いっそのこと一〇〇万社投入すれば、三〇〇〇社も成功例を得られるではないですか！　政府が応援する企業は多ければ多いほどいいということになります。

だとすると、現在の租税特別措置が大企業に偏《かたよ》っているという現状はどうでしょう？　租税特別措置の大部分を占める研究開発税制は経産省が推し進める租税特別措置です。同省サイトにあるQ＆Aには、対象となる事業が次のように書かれています。

〈Q三‐二　税額控除の対象となる「試験研究費」は？

（1）製品の製造等にかかる試験研究費

製品の製造または技術の改良、考案もしくは発明にかかる試験研究のために要する費用で、①～④が該当します。

①試験研究を行うために要する原材料費、人件費および経費

②試験研究のために外部に支払う委託研究費

③技術研究組合に支払う賦課金

④試験研究のために使用する減価償却資産の減価償却費

（2）サービス開発にかかる試験研究費

対価を得て提供する新たな役務の開発（サービス開発）にかかる試験研究のために要

する費用で①〜③が該当します。

①試験研究を行うために要する原材料費、人件費〈専《もっぱ》ら従事する情報解析専門家に対するものに限る〉及び経費

②試験研究のために外部に支払う委託研究費

③試験研究のために使用する減価償却資産の減価償却費〉

以前の研究開発税制の支援対象には、製造業による「モノ作り」の研究開発しか含まれていませんでした。二〇一七年四月以降は、これに加えビッグデータ等を活用した第四次産業革命型の「サービス」の開発が新たに追加されたそうです。経産省は対象を広げたことに胸を張りますが、果たして、これは意味があるのでしょうか？

本書を読まれた方なら、すぐにお気づきでしょう。日本が世界に誇る最強の産業である外食産業は、完全に対象外です。

食材の基礎研究などバイオ産業的なものは対象となるかもしれませんが、新しい「名古屋メシ」「欧風ラーメン」の開発は、どう考えても対象外です。目に見えて競争力のある外食産業ですが、役人の視界には入っていないようです。

逆にいえば、役人の視界に入らないことで保護や規制を受けず、自由競争によって、外食

産業は強くなりました。ならば、こんなものはいらないのではないでしょうか？

単純な法人税減税だと役人は？

もちろん、あらゆる業種や企業の研究開発費を対象に優遇税制を実施することも可能です。でも、それって法人税の減税と何が違うのでしょうか？

ただ、単純に法人税を半額にした場合、役所の出る幕はありません。役所は、特定の資格要件や対象事業を決めて、それに従うと金銭上の優遇を受けられる、という仕組みでなければ、存在意義を示せませんから。

役所はいらない存在意義を示して企業に恩を売り、役人たちを天下りさせて老後の面倒を見てもらおう、などという邪《よこしま》な考えを持っているのかもしれません。そして、それを唯々諾々と受け入れる大企業がある……そんな大企業が経団連に集まって、談合ばかりしているとしたら、この国の将来は暗いです。

中小企業庁が出している『官公需契約の手引　平成二八年度版』によれば、平成二七年度の官公需総額は七兆一〇五二億円で、そのうち四九％が大企業、五一％が中小企業に発注されているとのことです。一見すると中小企業が優遇されているように見えますが、五一％の中小企業のうち、創業一〇年未満の比較的新しい会社の占める割合は、二％弱です。

つまり、政府は大企業に優しく、次に創業一〇年以上の中小企業に優しく、創業して間もないベンチャー企業には冷たい、ということです。

みんなで寄ってたかって新規参入を締め出している……そのように解釈されても仕方ないのでは？　しかも、四九％の官公需のなかのビッグプロジェクトは、総じて経団連に名を連《つら》ねるような大企業が受注しています。

「規制改革は市場原理を活用した経済構造改革の要である。特に、我が国経済の官公需依存体質を改めるとともに、非効率な資源配分を是正《ぜせい》し、グローバルな競争に耐え得る強い経済体質を構築するためには、民間活力が最大限に発揮できる基盤を構築することが求められる。そのためには、民間の自由な事業展開や創意・工夫《くふう》の発揮を妨げている政府の規制や、受注配分等を含めた関与・介入を徹底的に排除する必要がある」――なんてすばらしい発言でしょう！　いったいこれは誰の台詞《せりふ》だと思いますか？

――二〇〇一年度に経団連が提出した「規制改革要望」の冒頭の一説です。

あれから一五年以上の歳月が流れましたが、彼らは税制上の優遇を受けて、官公需の半分を占めつつ、唯々諾々と消費税増税という悪魔のプランに賛成しています。このときの台詞は、単なる掛け声だったのでしょうか？

公共事業とバーターで消費税増税

さて、そろそろ本書の結論をいうときになりました。残念ながら、経団連に代表される日本の大企業は、創業者のアニマルスピリッツを忘れ、既得権の上に安住し、目先のことしか考えなくなってしまいました。ハッキリいいましょう、彼らこそが日本経済の発展を妨げている、と。何よりも大問題なのは、彼らが租税特別措置や各種公共事業とバーターして、消費税増税を推進しているという点です。

一四一五年、プラハの宗教改革者ヤン・フスは、ローマ教会の命により火あぶりにされ、処刑されました。このとき敬虔《けいけん》な老婆《ろうば》がフスを悪魔とみなして、さらに薪《まき》をくべたそうです。フスは十字架の上から叫びました。「おぉ、神聖なる単純よ！」と——。

いま経団連と増税政治家が推進する消費税の増税は、国民を火あぶりにすることであり、結果として起こる消費の低迷により、自らの首を絞める愚かな行為です。神聖でもなんでもない単純、言い換えれば、極めて愚かな行為なのです。

消費税増税こそが、平成の大停滞から復活しかけた日本経済を間違いなく奈落の底に突き落とす、悪魔の政策なのです。ところが、役所とズブズブな関係にある大企業は、これに歯向かうこともせず、唯々諾々と従うのみ……こんな図体《ずうたい》ばかりデカいだけで頭の悪い連中に、日本経済の舵取りを任せていてはいけません。

最大の問題は、たいていの大企業がリスクを取れない高学歴のサラリーマン経営者に支配されているということです。

彼らには、租税特別措置や官公需を捨てる勇気はありません。任期まで無難に勤め上げ、相談役という経営に責任を持たなくてもいいポジションに上り詰めたい……個室と社用車でいい思いがしたい……たぶん、その程度しか考えていません。かつての立志伝中の人物などに比べれば、なんとスケールの小さい話でしょう。彼らは経営者というより、老後を無難に過ごしたいだけのダメ人間です。

そんな、ショボい気の弱いおじさんが、天下りを受け入れ、役人の描いたしょうもない産業政策にお付き合いします。役人はヘタレの高学歴サラリーマン経営者の弱みに付け込んで、天下り先を確保します。

この両者のもたれ合いを断たなければ、腐った大企業は、いつまでも日本経済の重しとなるでしょう。だからこそ、彼らをのさばらせておいてはいけません。

池田総理の高度成長の秘策を再び

本来なら、租税特別措置や官公需に頼らない強い企業が、ヘタレ経営者の弱い企業を淘汰することで経済が発展していきます。これが正しい自由主義経済というものの在り方です。だとしたら、官公庁のいいなりになっているお公家《くげ》集団より、彼らと喧嘩《けんか》をして規制を変えさせる企業こそが、伸びていくべきです。

国は彼らを応援する必要はありません。最低限の規制をしたら、それ以上は何も手を出さない。これこそ、池田勇人《いけだはやと》総理が日本を高度経済成長に導いた秘策なのです。

また、新しい企業がたくさん勃興《ぼっこう》してくるためには、デフレを完全に退治して、二度と逆戻りしないことが重要です。デフレが続けば、新しいアイデアを持った人がいくら良い製品を作っても、簡単には売れません。人々の需要がモノよりもお金に向いてしまうからです。

つまり、デフレが続く限り、アニマルスピリッツを持った起業家には受難の時代が続きます。逆に、大企業のような既得権者にとっては、未来のライバルを自ら手を下さずに潰す絶好の機会となります。

しかし、デフレにして大企業を優遇したところで、日本全体の経済的基盤はどんどん劣化していきます。民主党政権下のあの悲惨な産業空洞化を忘れた人はいないでしょう。あんなことを二度と繰り返してはいけません。

経団連が単に既得権を守りたいだけの理由で進めている消費税増税には、日本経済を再びデフレに引き戻す恐ろしいパワーがあります。これを侮《あなど》ってはいけません。

日本経済の完全復活のためには、まずはデフレを完全に脱却すること、そして腐った大企業には厳しい競争環境を与えることが必要なのです。

少数の財閥が経済の大半を牛耳《ぎゅうじ》る韓国を見てください。日本よりも自殺率が高く、家計は巨額の債務を抱え、貧富の差が広がっています。日本は韓国と同じ道を歩んではいけません。

アベノミクスのアクセルをもっと踏み込み、一〇年とか二〇年の単位で推進していくことの本当の意義は、まさにここにあります。安倍政権が倒れて、再び日本がデフレに逆戻りするような政策が採用されることは、日本のイノベーションや企業の組織改革の観点から見ても大きなマイナスとなるでしょう。

借金してまで新しい事業を起こそうとする人間を大事にしない世の中に、未来はありません。日本経済が多くのチャレンジに溢《あふ》れ、さまざまな新しいアイデアが実現する魅力的な市場になるために、アベノミクスを最低あと二〇年は続けなければならないのです。

上念 司

1969年、東京都に生まれる。中央大学法学部法律学科卒業。日本長期信用銀行、臨海セミナーに勤務したあと独立。2007年、勝間和代氏と株式会社「監査と分析」を設立し、取締役・共同事業パートナーに就任。東日本大震災に際しては勝間氏と共に「デフレ脱却国民会議」を設立し、事務局長に就任。震災対策として震災国債を日本銀行の買いオペ対象とすることを要求。白川方明総裁までの日本銀行の政策を強く批判してきた。
著書には、ベストセラーになった『財務省と大新聞が隠す本当は世界一の日本経済』『習近平が隠す本当は世界3位の中国経済』(講談社＋α新書)、『「日銀貴族」が国を滅ぼす』(光文社新書)などがある。

講談社＋α新書 744-3 C

経《けい》団《だん》連《れん》と増《ぞう》税《ぜい》政《せい》治《じ》家《か》が壊《こわ》す本《ほん》当《とう》は世《せ》界《かい》一《いち》の日《に》本《ほん》経《けい》済《ざい》

上念《じょうねん》 司《つかさ》

2018年2月20日第1刷発行
2018年3月 8 日第3刷発行

発行者―――渡瀬昌彦
発行所―――株式会社 講談社
東京都文京区音羽2-12-21 〒112-8001
電話 編集(03)5395-3522
販売(03)5395-4415
業務(03)5395-3615

カバー写真―――乾 晋也
デザイン―――鈴木成一デザイン室
本文組版―――朝日メディアインターナショナル株式会社
カバー印刷―――共同印刷株式会社
印刷―――慶昌堂印刷株式会社
製本―――株式会社国宝社

ISBN978-4-06-291521-2